WordPress
Thème basé sur des blocs

Tout ce que vous devez savoir pour créer un thème basé sur des blocs

2026, Roy Sahupala

Remarque importante

Les méthodes et programmes présentés dans ce manuel sont énoncés sans tenir compte des brevets. Ils ne sont destinés qu'aux amateurs et aux étudiants. Toutes les données techniques et les programmes contenus dans ce livre ont été compilés par l'auteur avec le plus grand soin et reproduits après une vérification approfondie. Néanmoins, des erreurs ne peuvent être totalement exclues. L'éditeur se voit donc contraint de signaler qu'il ne peut assumer aucune garantie, ni aucune responsabilité juridique ou autre pour les conséquences découlant d'informations erronées. Le signalement de toute erreur est toujours apprécié par l'auteur.

Veuillez noter que les noms de logiciels et de matériels mentionnés dans ce livre, ainsi que les noms de marques des entreprises concernées, sont pour la plupart protégés par des marques de fabricants, des marques commerciales ou par le droit des brevets.

Tous droits réservés.

Aucune partie de cette publication ne peut être reproduite, stockée dans un système d'extraction ou transmise sous quelque forme ou par quelque moyen que ce soit, électronique, mécanique, par photocopie, enregistrement ou autre, sans l'autorisation écrite préalable de l'éditeur.

Autor :	R.E. Sahupala
ISBN/EAN :	978-2-3225-2024-4
Édition :	01-2026
Dépôt légal:	Janvier 2024
Code CLIL :	3204
Éditeur :	WJAC
Site web :	wp-books.com/block-theme

Avec des remerciements spéciaux à :
Ma chère épouse Iris et notre fils Ebbo.

© 2024 Roy Sahupala
Édition : BoD · Books on Demand, 31 avenue Saint-Rémy, 57600 Forbach, bod@bod.fr
Impression : Libri Plureos GmbH, Friedensallee 273, 22763 Hambourg (Allemagne)

TABLE DES MATIÈRES

INTRODUCTION	2
THÈME CLASSIQUE ET BLOC	6
POURQUOI UN THÈME DES BLOCS	10
Quels types de thèmes sont disponibles ?	10
OBJECTIF DE CE LIVRE	12
À QUI S'ADRESSE CE LIVRE ?	14
De quoi avez-vous besoin pour créer un thème des blocs ?	14
ATOMIC DESIGN	18
Méthode de conception	18
Atomic design dans WordPress	20
COMMENT ÇA MARCHE	22
Modifier Site, Modèles et Compositions	27
Menu de navigation	29
Ajouter un modèle	30
Personnaliser le modèle	32
Réutilisation d'une mise en page standard	35
BLOCS DE THÈME	38
Blocs de widgets	38
Blocs de thème	40
COMPOSTIONS DE THÈME	44

STYLES GLOBAUX	48
Appliquer des styles pratiques	48
GRANDE ET PLEINE LARGEUR	56
STRUCTURE DU THÈME	60
PRÉPARATION	64
Mise en page	65
Typographie	66
Couleurs	67
Conception du thème	68
CRÉER UN THÈME DES BLOCS	70
THÈME DES BLOCS - BASE	76
Étapes	77
screenshot.png	78
style.css	79
functions.php	80
index.html	81
single.html	83
page.html	85
header.html	87
footer.html	88
theme.json	89
STYLISER LE THÈME	92

Styles globaux	93
Theme.json expliqué	95
Theme.json élargir	99
Catégorie templatesParts	103
Catégorie CustomTemplates	104
Styliser le menu de navigation mobile	105
ÉTENDRE UN THÈME DES BLOCS	**108**
Hiérarchie des thèmes	109
Ajouter des modèles supplémentaires	111
404- et search.html	112
Archive.html	113
Privacy-policy.html	115
Ajouter un modèle personnalisé	117
FONCTIONS	**122**
Google analytics	123
Google fonts	125
Menu responsive	131
CRÉER UN COMPOSTION	**138**
Composition dans un thème	139
Composition dans theme.json	143
Défilement parallaxe	145
Supprimer les compositions	147

VARIATION DE STYLE — 150
Variation de style dans un thème — 150

AJOUTER DES OPTIONS — 156
functions.php — 157

editor.js — 158

Stylesheet — 159

Appliquer le style — 160

Supprimer l'option de style de bloc — 161

Remplacement du style de bloc — 162

Core Blocks — 163

Classes — 164

THÈME AVEC ANIMATION — 168

THÈME - EXPORTATION — 174

RÉINVENTER LA ROUE ? — 178
Suivre le chemin — 180

GÉNÉRATEUR DE THÈME — 184
Themegen — 185

Full Site Editing - Block theme generator — 187

Them.es — 189

PLUGIN DE THÈME DES BLOCS — 192
Développement d'un thème des blocs — 195

Thème vierge — 196

Remplacer le thème	197
Créer une variation de style	198
Thème d'exportation	200
PLUGINS DE L'ÉDITEUR DE SITE	**202**
Options for Block Themes	204
Ghost Kit	205
Otter Page Builder Blocks	206
Twentig	207
Editor Beautifier	208
APPLIQUER LE PLUGINS	**210**
Thème avec image d'arrière-plan	211
Ghostkit	214
THÈME AVEC PLUGINS	**220**
L'AVENIR DES THÈMES DES BLOCS	**228**
INFORMATION	**232**
À PROPOS DE L'AUTEUR	**234**

INTRODUCTION

Depuis WordPress 5.0, il utilise un éditeur de blocs appelé **Gutenberg**. Celui-ci permet d'ajouter facilement de la mise en forme et du style aux pages et aux articles.

À partir de 2022, il existe deux types de thèmes : les **thèmes classiques** et les **thèmes basé sur des blocs** (en anglais *Block Theme*), également connus sous le nom de **thème des blocs**. À partir de la version 5.9, WordPress utilise pour la première fois un thème des blocs appelé Twenty Twenty-Two.

La personnalisation des **thèmes classiques** se fait à l'aide du **Personnaliser** de **Tableau de bord**. Si vous avez des connaissances en HTML, CSS et PHP, vous pouvez également apporter des modifications sous le capot.

La **personnalisation** d'un **thème des blocs** se fait à l'aide d'un **Éditeur** de site. Cela permet à l'utilisateur d'ajuster visuellement la mise en page et le style d'un thème sans connaissances techniques.

Une fois qu'un thème des blocs a été activé, **l'Éditeur** apparaît dans le **tableau de bord**. Les ajustements sont effectués à l'aide de la même interface que pour les **pages** et les **articles**. Un utilisateur peut modifier, déplacer, ajouter ou supprimer des blocs tels que Titre, Logo, Menu de navigation etc, ainsi que personnaliser les styles et les polices.

Vous pouvez également utiliser l'éditeur pour créer des **compositions**, des **modèles** et pour modifier la structure de la mise en page d'un article ou d'une page. WordPress appelle cela **Full Site Editing**.

Grâce à **Full Site Editing**, un administrateur ne dépend plus d'un développeur ou d'un concepteur pour apporter des modifications à un thème des blocs. Il est même possible de **créer** un **thème des blocs** à l'aide de l'éditeur.

À partir de 2024, version 6.0, **l'Éditeur** est officiellement publié, mais des ajustements peuvent encore être apportés après avoir recueilli des commentaires.

Si vous voulez être prêt pour l'avenir, ce livre est un excellent point de départ pour découvrir l'ensemble de **Full Site Editing** et des **Thème des blocs**.

WordPress - Thème des blocs

THÈME CLASSIQUE ET BLOC

Avec un thème classique, le **Personnaliser** détermine ce que l'utilisateur est autorisé à modifier. Cela permet à l'utilisateur de rester dans les limites du style du thème.

Si vous créez un site web pour une organisation avec un style de thème et une mise en page fixes, et qu'un utilisateur est uniquement autorisé à fournir du contenu, vous pouvez utiliser un thème classique à cette fin. Il se compose principalement de fichiers PHP et CSS.

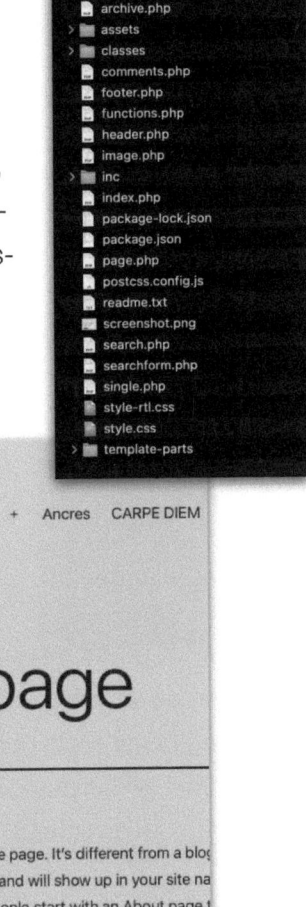

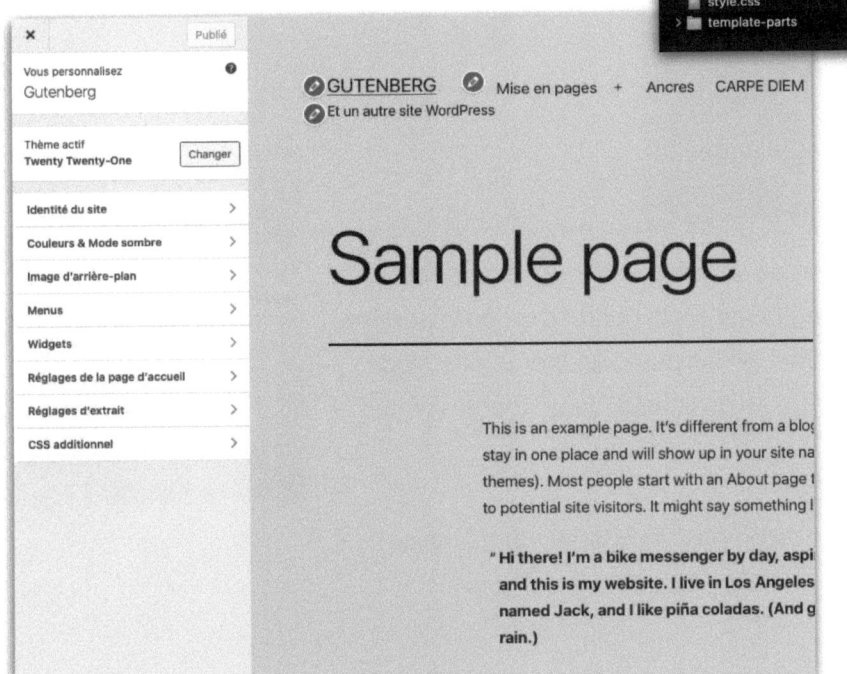

Avec un **thème des blocs**, vous offrez à l'utilisateur la possibilité de repositionner et de modifier les **blocs du thème** tels que le bloc de menu, le bloc de titre et le bloc de contenu, tout en respectant le style et la mise en page.

Si vous créez un thème pour un large public, un thème des blocs est le choix approprié. Comme vous pouvez le constater, un thème des blocs contient moins de fichiers qu'un thème classique.

Voici un aperçu des deux types de thèmes.

Thème classique

- La structure des fichiers se compose principalement de fichiers PHP.
- La mise en page est prédéterminée.
- Un certain nombre de composants peuvent être personnalisés.
- Les ajustements sont effectués via le **Personnaliser**.
- Contient plus de code et de fichiers qu'un thème des blocs.
- Conçu pour préserver le style du thème.
- Des connaissances en HTML, CSS et PHP sont nécessaires pour créer un thème.
- Il existe plus de dix mille thèmes disponibles.

Thème des blocs

- La structure du fichier se compose de HTML et d'un fichier JSON.
- La mise en page est prédéterminée.
- Les ajustements sont effectués à l'aide de **l'éditeur** de site.
- La mise en page peut être modifiée visuellement.
- Chaque bloc de thème peut être personnalisé.
- Les composants du tableau de bord tels que le Personnaliser, les menus et les widgets ont été remplacés par l'éditeur de site.
- L'interface utilisateur Gutenberg est incluse dans l'éditeur de site.
- Aucun code n'est nécessaire pour personnaliser un thème.
- Un utilisateur peut créer des fichiers de thème supplémentaires, tels que des compositions ou des modèles, entre autres.
- Contient moins de code et de fichiers qu'un thème classique.
- Personnalisé pour personnaliser le style et la mise en page.
- Aucune connaissance en HTML, CSS ou PHP n'est nécessaire pour créer un thème.
- Plus de cinq cents thémes de blocs sont disponibles.

POURQUOI UN THÈME DES BLOCS

L'éditeur de blocs est présent dans tout le système, ce qui crée une interface uniforme. Depuis la version 5.9, les utilisateurs peuvent également adapter un thème des blocs à l'aide du même éditeur que celui qu'ils utilisent pour une page ou un article. Les thèmes classiques n'étant pas adaptés à cet usage, WordPress a opté pour un nouveau format de thème.

En raison du grand nombre de thèmes classiques existants, il faudra un certain temps avant qu'ils ne soient plus pris en charge.

Quels types de thèmes sont disponibles ?

Les créateurs de thèmes travaillent actuellement sur le développement de thème des blocs. Il est également possible de créer des combinaisons des deux types. Voici un aperçu des types disponibles :

Thèmes classiques : Thèmes composés de fichiers de modèle PHP et de functions.php.

Thèmes hybrides : Thèmes classiques qui prennent en charge Full Site Editing, tels que les réglages des blocs, les compositions et les modèles.

Thèmes universels : Thèmes en bloc incluant les éléments classiques gérés avec le Personnaliser, tels que les menus et les widgets.

Thème des blocs : Thème basé sur des blocs, conçus pour Full Site Editing.

WordPress - Thème des blocs

OBJECTIF DE CE LIVRE

Ce livre explique comment fonctionne un thème des blocs, comment le personnaliser et en créer un soi-même. Il ne contient que les explications les plus essentielles. Une fois que vous aurez acquis suffisamment d'expérience, vous aurez la compréhension et la confiance nécessaires pour étendre et créer votre propre thème des blocs.

La méthode décrite s'adresse à tous ceux qui souhaitent travailler rapidement et de manière pratique, sans avoir besoin de connaissances en HTML, CSS ou PHP. Ce livre offre un aperçu de la manière dont un thème des blocs est créé.

Tous les fichiers de thème utilisés dans ce livre sont disponibles sur **wp-books.com/block-theme**.
Le mot de passe peut être trouvé à la page 70.

Consultez régulièrement le site pour obtenir des informations.

Tous les exercices dans ce livre sont pratiques. Je montre uniquement l'essentiel, sans description superflue, et cela peut être appliqué directement.

Conseil : prenez votre temps ! Lisez attentivement un chapitre avant de vous installer devant l'ordinateur.

WordPress - Thème des blocs

À QUI S'ADRESSE CE LIVRE ?

Avec l'aide de ce livre, il est possible de créer un thème des blocs de manière autonome. La connaissance du code n'est pas nécessaire, mais il est utile d'avoir des connaissances de base en HTML et en CSS.

Ce livre s'adresse à :
- Utilisateurs ayant une connaissance de base de WordPress.
- Utilisateurs qui ne veulent pas dépendre de développeurs.
- Utilisateurs qui veulent créer ou étendre leur propre thème des blocs.

De quoi avez-vous besoin pour créer un thème des blocs ?

La dernière version de WordPress. Un éditeur de texte pour modifier le code, tel que TextEdit (Apple) ou NotePad (Windows).

Si vous travaillez régulièrement avec du code, vous pouvez également utiliser un **éditeur de code**. Il existe plusieurs éditeurs de code open source disponibles, tels que **Atom**. Rendez-vous sur *https://atom.io* pour plus d'informations. Vous souhaitez utiliser un autre éditeur de code ? Recherchez sur Google "éditeurs de code open source gratuits".

Pour vous connecter à votre site web, vous aurez besoin d'un **navigateur internet**. Il est conseillé d'installer plusieurs navigateurs. Si une fonctionnalité WordPress spécifique ne fonctionne pas dans votre navigateur préféré, vous pouvez facilement basculer vers un autre navigateur. Tous les exercices de ce livre ont été testés avec les dernières versions de Firefox, Safari, Chrome et Edge. Avec le programme **LOCAL**, vous pouvez installer WordPress sur votre propre ordinateur.

Après l'installation, vous avez un accès direct à tous vos fichiers de thème. Le dossier du site se trouve dans le dossier utilisateur de Windows ou de MacOS. Allez dans dossier : **utilisateur > LOCAL Sites > Nom du site > app > public**. Vous trouverez plus d'informations sur le programme LOCAL dans le livre **WordPress - Les Bases** ou sur **localwp.com**.

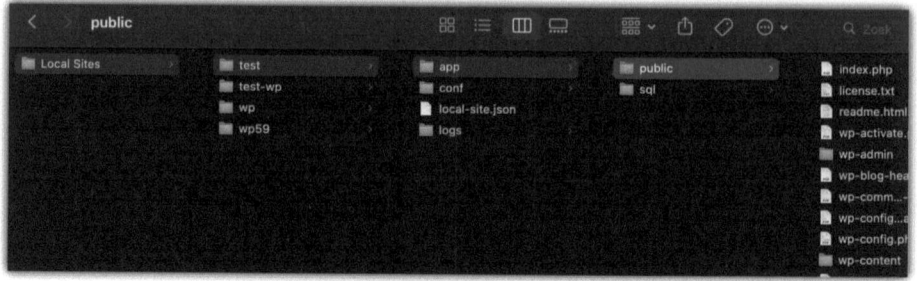

Si vous utilisez le programme **MAMP**, les fichiers se trouvent dans le dossier **Apps > MAMP > htdocs > Nom du site**. Pour plus d'informations, rendez-vous sur **mamp.com**.

Si vous avez installé WordPress à l'aide d'un hébergeur web, vous pouvez accéder à vos fichiers de thème avec un programme FTP.

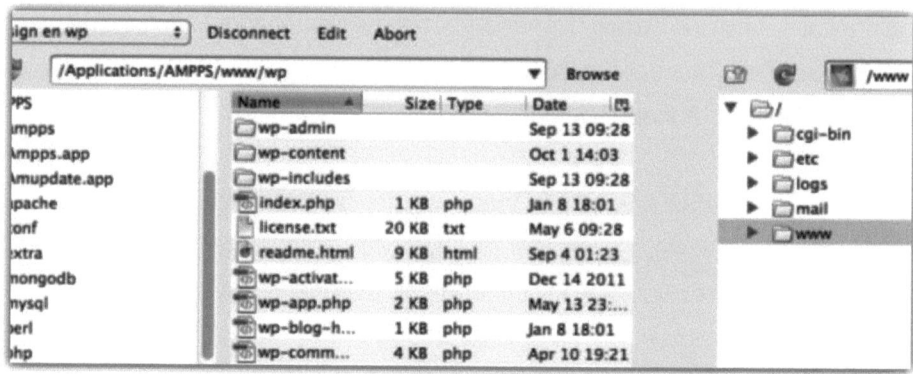

Il existe plusieurs programmes FTP gratuits, tels que **FileZilla** ou **Cyberduck**.

Un thème des blocs peut être placé dans le dossier **themes** de votre site WordPress. Voir : **wp-content > themes**.

Si vous souhaitez en savoir plus sur WordPress, je vous invite à consulter mes autres livres :

WordPress - Les Bases.
WordPress - Avancé.
WordPress - WooCommerce.
WordPress - Gutenberg.

WordPress - Thème des blocs

ATOMIC DESIGN

WordPress a adopté une philosophie de conception qui permet de créer un site web à partir de l'élément le plus petit, contrairement à d'autres méthodes qui utilisent souvent une approche descendante (top-down). Ce principe est appelé **Atomic Design**. Avec le projet Gutenberg, l'objectif est d'appliquer cette méthode non seulement aux pages et aux articles, mais à l'ensemble du système WordPress.

À l'avenir, les utilisateurs de Gutenberg pourront non seulement mettre en forme des pages et des articles, mais également créer des mises en page pour les plugins, les widgets et même les thèmes.

Méthode de conception

Le concept est basé sur le plus petit élément en tant que bloc de construction. En combinant ces éléments, vous créez des modèles que vous pouvez ensuite incorporer dans des pages.

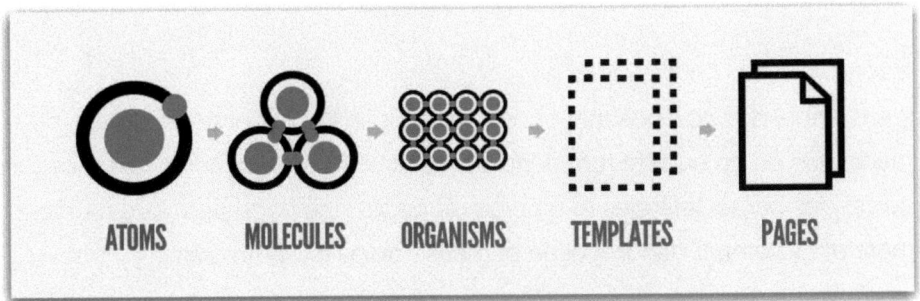

Il s'agit d'une *approche ascendante*, du plus simple au plus complexe. Les composants peuvent être facilement démontés et réutilisés. C'est un peu comme les Lego... Nous allons maintenant examiner les cinq composantes de la conception.

Atomes

Les atomes sont des composants de base tels que les titres, les paragraphes, les boutons, les guillemets, les colonnes et les tableaux.

Molécules

Les groupes d'atomes sont appelés molécules. Ici, vous pouvez penser à des éléments tels qu'une Bannière, des médias et du texte, un appel à l'action et une galerie.

Organismes

Les constructions constituées d'atomes et de molécules sont appelées organismes. Ils sont destinés à un usage spécifique au sein d'une page. On parle ici d'en-tête, de section, de séparateur et de pied de page.

Modèles

Les modèles sont des organismes qui occupent toute la largeur d'une page. On parle aussi de gabarit.

Pages

L'ensemble des composants constitue une page. Elle contient des éléments tels qu'un en-tête, un menu de navigation, des sections, des modèles, des barres latérales et un pied de page. Une page peut être rapidement et facilement décomposée et réassemblée à d'autres fins.

Atomic design dans WordPress

Le plus petit élément de base dans WordPress est appelé un **bloc**. Avec un bloc, vous pouvez créer des éléments de page, également appelés des **compositions**. En combinant différents compositions, vous pouvez créer une mise en page, également appelée un **modèle**. Le tout est ensuite intégré dans un **thème**, également appelé une **mise en page complète**. Ensemble, ils forment un ensemble réactif qui s'adapte à différentes tailles d'écran.

Les blocs sont des éléments individuels.
Les compositions (patterns) sont constitués d'éléments individuels.
Le modèle (template) sont constitués d'éléments de composition.
La mise en page complète (page layout) est un thème WordPress.

Selon ce principe de conception, la mise en page d'un thème peut être construite. À partir de la phase 2, WordPress lancera un **éditeur de site**.

WordPress - Thème des blocs

COMMENT ÇA MARCHE

Avant de commencer à créer un thème des blocs, il est utile de voir comment il fonctionne et ce qu'il est possible de faire. Depuis la version 5.9, WordPress utilise le premier thème des blocs, appelé **Twenty Twenty-Two**.

Installez WordPress et allez dans **Tableau de bord > Apparence**.
! Activez le thème **Twenty Twenty-Two**.

Avec ce thème, WordPress veut montrer à quel point il est facile de personnaliser un **thème des blocs**. Lorsqu'un thème des blocs est activé, les éléments de menu du tableau de bord **Personnaliser**, **Widgets** et **Menus** sont remplacés par **Éditeur**. Lorsqu'un thème classique est activé, les éléments de menu ci-dessus sont à nouveau présents dans le tableau de bord.

Cliquez sur **Apparence > Éditeur**. L'éditeur de site apparaît. Dans la colonne de gauche, vous verrez un certain nombre d'options : **Navigation**, **Styles**, **Pages**, **Modèles** et **Compositions**, à droite, vous verrez la page d'accueil avec les derniers articles.

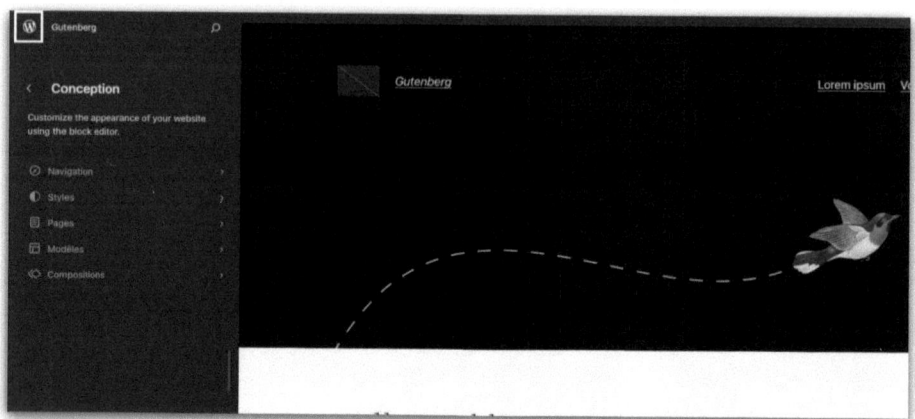

Sélectionnez le bloc **Titre**. Une **barre d'options** apparaît.

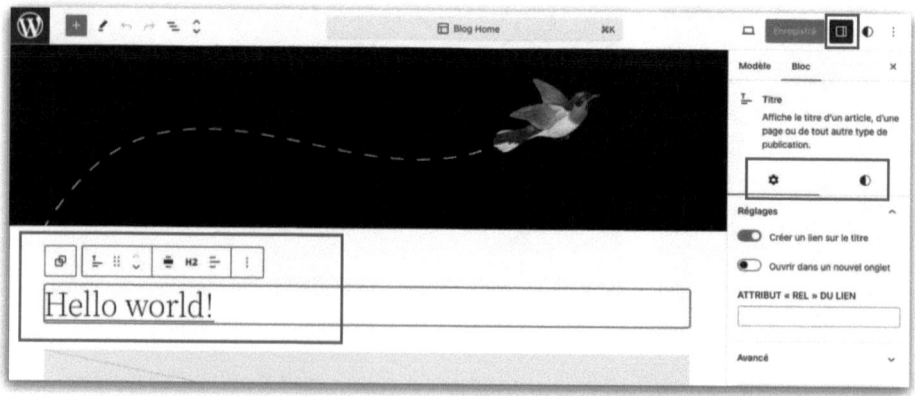

L'icône **Réglages** (en haut à droite) affiche d'autres **options** dans une colonne de droite. Vous pouvez personnaliser davantage le bloc à l'aide des **réglages** et des **styles** de bloc.

L'icône **WordPress** (en haut à gauche) vous ramène à l'éditeur de site.

Allez dans **Apparence > Éditeur** - **Modeles**.

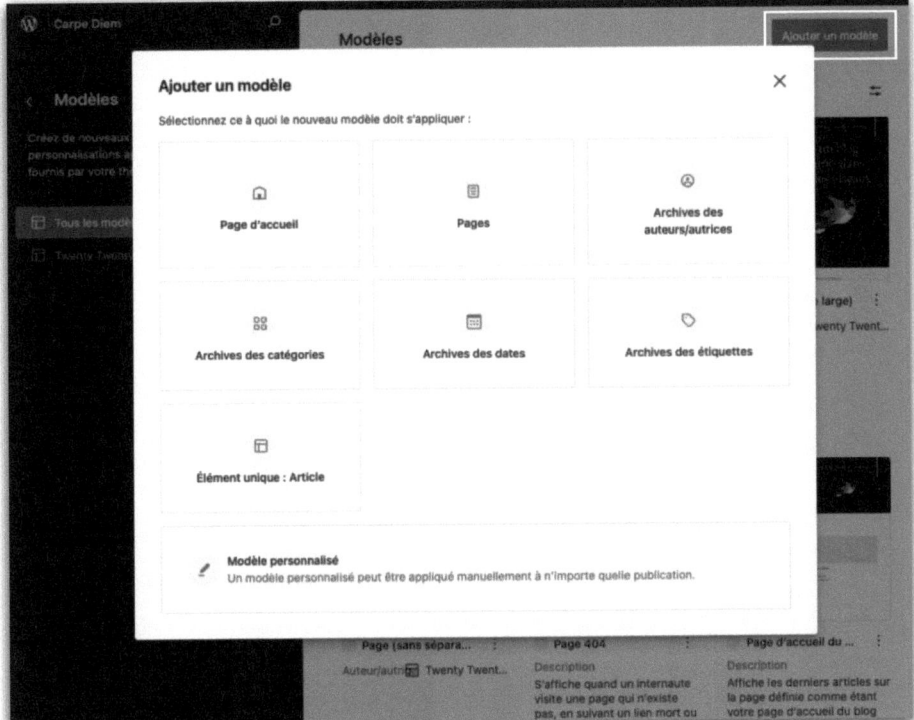

Les modèles consistent en des **mises en page** et des **compositions**. Ensemble, ils forment une page. Une **composition** est, par exemple, un **entête**, une **colonne latérale** ou un **pied de page**. Un modèle se compose de plusieurs blocs.

Le nom d'un **modèle** indique ce pour quoi il a été créé.
Le modèle **Article unique** s'affiche après qu'un visiteur a cliqué sur un article. L'article est affiché dans son intégralité. Le nombre de modèles dépend du thème.

Vous pouvez utiliser le bouton **+** (Ajouter un modèle) pour créer un modèle.

Allez dans **Modèles > Article unique** et cliquez sur un bloc pour le modifier.

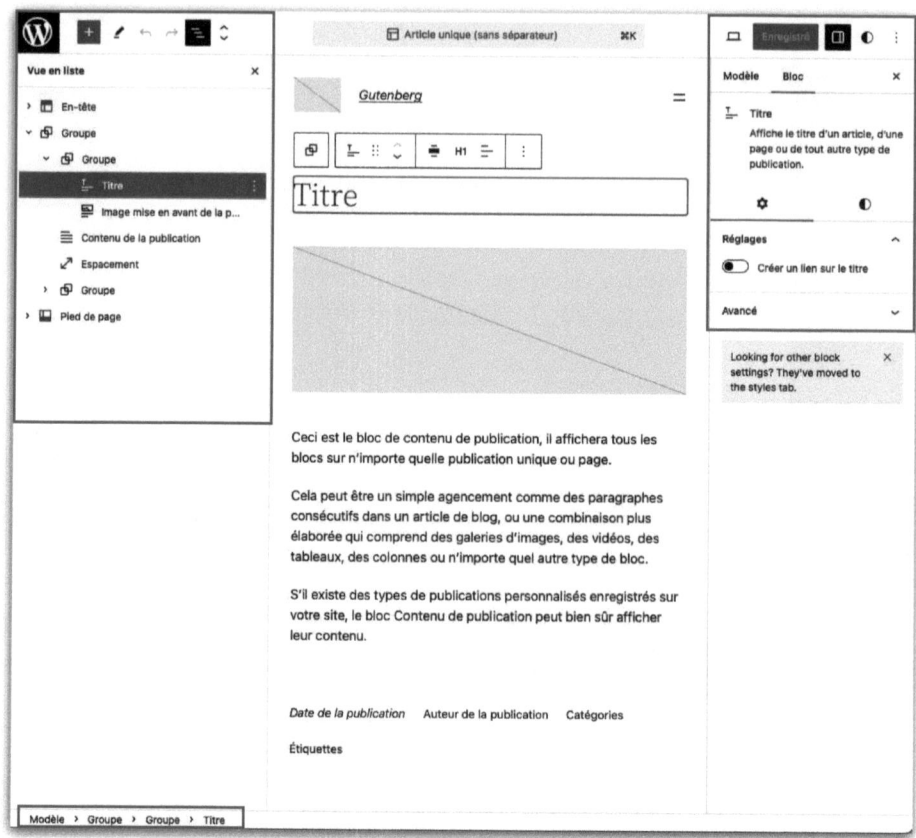

La structure d'un modèle se compose de **Compositions** et de **blocs de thème**. En sélectionnant une **composition** ou un **bloc**, vous pouvez voir de quoi il s'agit. Pour ce faire, utilisez la **vue en liste** ou le **fil d'Ariane**. Les options et **réglages des blocs** (colonne de droite) vous permettent d'ajuster les propriétés des blocs.

L'outil d'insertion de blocs, l'icône **+** (en haut à gauche), vous permet d'ajouter des **Compositions** et des **Blocs**.

Allez dans **Apparence > Éditeur > Compositions**.
Vous y trouverez une liste de compositions.

Cliquez sur un composition à modifier. Le nom indique de quel type de composant il s'agit.

Le bouton **+** (Créer un Composition) permet de créer une composition.

L'avantage de la composition est que vous pouvez personnaliser une partie de la page.

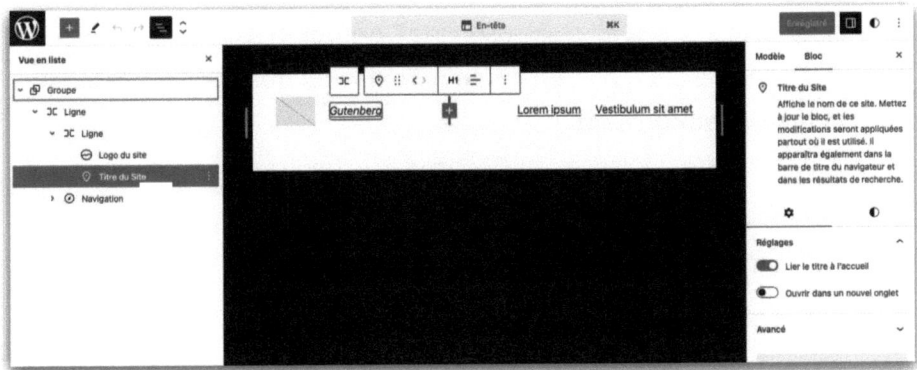

Modifier Site, Modèles et Compositions

Les modifications apportées à une **composition** ou à un **modèle** sont appliquées après l'enregistrement. Vous pouvez les réinitialiser à la valeur par défaut. Pour ce faire, allez dans - Tous les éléments **Modèles** ou tous les **Compositions**.

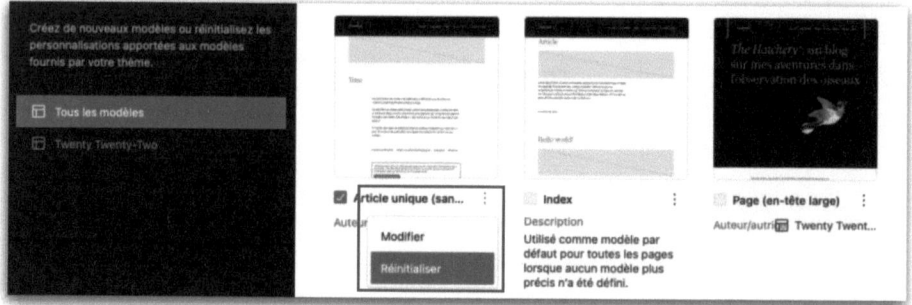

À titre d'exemple, vous allez modifier un modèle. Allez dans **Éditeur > Modèles**. Cliquez sur le modèle **Pages**. L'objectif est de remplacer l'en-tête et le pied de page du thème par un modèle. Ensuite, placez les méta-informations : Date, Auteur et Catégorie directement sous le Titre.

Personnalisation de l'en-tête et du pied de page :
1. Utilisez la vue en liste. Sélectionnez le **Groupe** dans l'en-tête du thème.
2. Cliquez sur l'icône ➕ et sélectionnez **Compositions**.
3. Sélectionnez la catégorie **En-têtes > Text-only header with tagline and black background**.
4. Utilisez l'outil de déplacement (flèche vers le haut) pour placer le nouvel en-tête en haut.
5. Sélectionnez et supprimez l'ancien Groupe.
6. Ajustez la couleur du texte et des liens en blanc.

Faites de même pour le pied de page (utilisez *Dark footer with title and citation*).

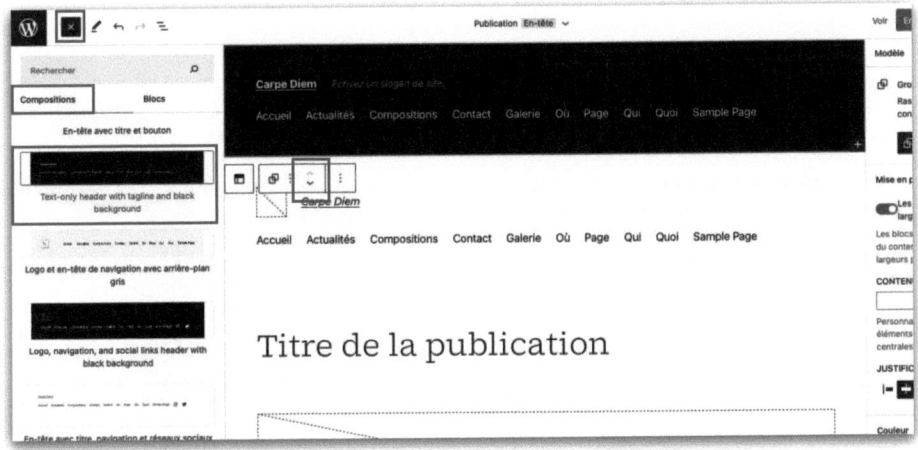

Placez ensuite les informations Meta sous le titre. **Sélectionnez** et faites glisser la rangée de **métadonnées** directement sous le **titre**.

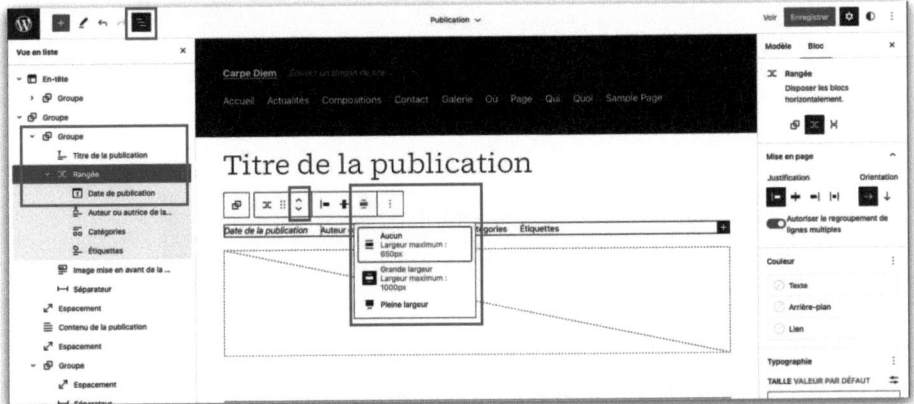

L'outil **Vue en liste** peut vous aider à le faire. Ensuite, réglez la **Alignement** sur **Grand largeur**. Cliquez sur **Enregistrer** et consultez un article.

Si vous voulez en savoir plus sur les mises en page, lisez le livre *WordPress - Gutenberg*.

Menu de navigation

Les liens vers les pages sont ajoutés automatiquement après leur création. Sélectionnez le bloc **Liste des pages** dans la **Vue en liste**.

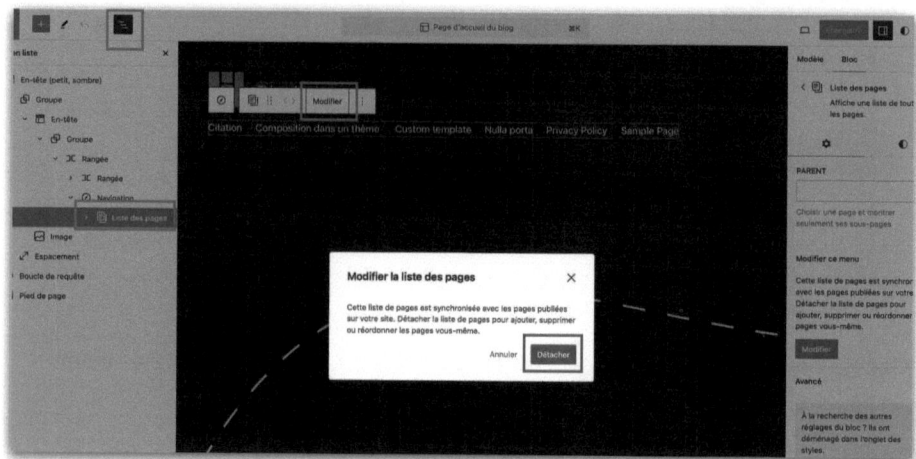

Cliquez ensuite sur le bouton **Détacher** pour convertir la liste en **liens de page**. Cela permet de structurer le menu.

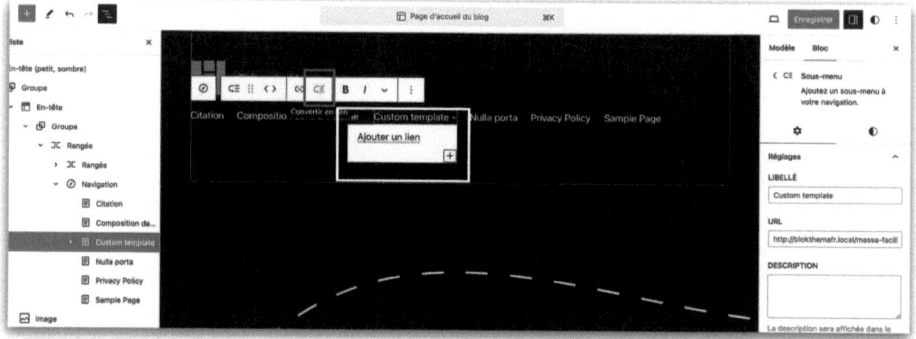

Sélectionnez un élément de menu. Dans la **barre d'options**, cliquez sur l'icône du **sous-menu**. Sélectionnez une **page** à l'aide de l'icône **+**. Utilisez ensuite le modèle **Enregistrer**. Sélectionnez le bloc **Navigation** pour une couleur de **Sous-menu**, voir **Options du bloc** (colonne de droite) > **Styles - Couleur - Arrière-plan**.

Ajouter un modèle

S'il vous manque un modèle, tel qu'un modèle *pleine largeur*, un modèle de *colonne latérale* ou un modèle de *page d'accueil*, vous pouvez en créer un à l'aide de l'éditeur de site. Cela ne nécessite pas de plugins ou de code. Une fois qu'un **modèle** est créé, vous pouvez contrôler la façon dont il est construit.

À partir d'une **page** ou d'un **article**, vous pouvez indiquer si vous souhaitez utiliser cette fonction.

Un nouveau modèle

Allez dans **Tableau de bord > Page > Sample Page** (ou toute autre page) - colonne de droite - onglet **Page > Modèle - Pages**.

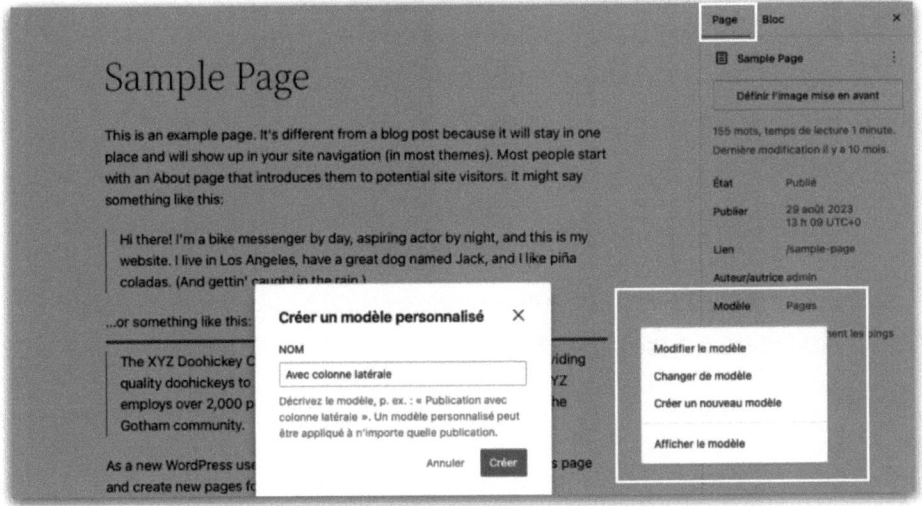

Cliquez sur **Créer un nouveau modèle**. Une fenêtre contextuelle s'affiche pour vous permettre de saisir un nom de modèle. Donnez au modèle personnalisé le nom **Avec colonne latérale**.
Cliquez ensuite sur le bouton **Créer**.

L'éditeur de site est activé. À partir de cet écran, vous pouvez construire la mise en page de votre nouveau modèle. Pour ce faire, utilisez les **blocs** et les **modèles** disponibles. Comme vous pouvez le voir, le bloc **Colonnes** a été utilisé. Dans la colonne de gauche, vous placez le bloc **Contenu de la publication**, et dans la colonne de droite, un bloc **Calendrier**. Le bloc **Colonnes** (66/33) est placé dans le bloc **Groupe**.

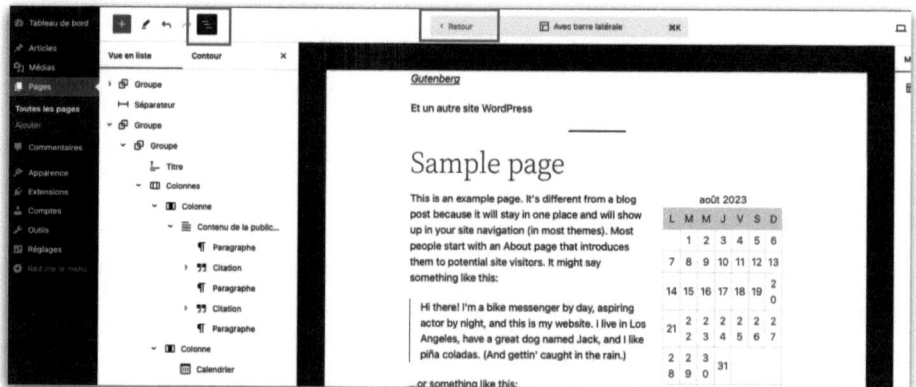

Vous pouvez voir la structure à l'aide de la **vue en liste**. Lorsque vous avez terminé, cliquez sur le bouton **Mettre à jour** et enregistrer. Le bouton **< Retour** (en haut) permet de revenir à la **Page**.

La colonne de droite indique que le modèle **Avec colonne latérale** est utilisé. **Modifier le modèle** vous permet de modifier le modèle.

Le modèle peut également être trouvé dans **l'éditeur** du site. Allez dans : **Tableau de bord > Apparence > Éditeur - Modèles**.

Consultez le site web.

Personnaliser le modèle

Le modèle **Avec colonne latérale** est appliqué. Il n'y a pas de Compositions telles que des **en-têtes** ou des **pieds de page** incluses dans le modèle.

Si vous souhaitez utiliser des compositions, vous pouvez personnaliser le modèle.

Allez dans **Tableau de bord > Apparence > Éditeur > Modèles - Avec colonne latérale.**

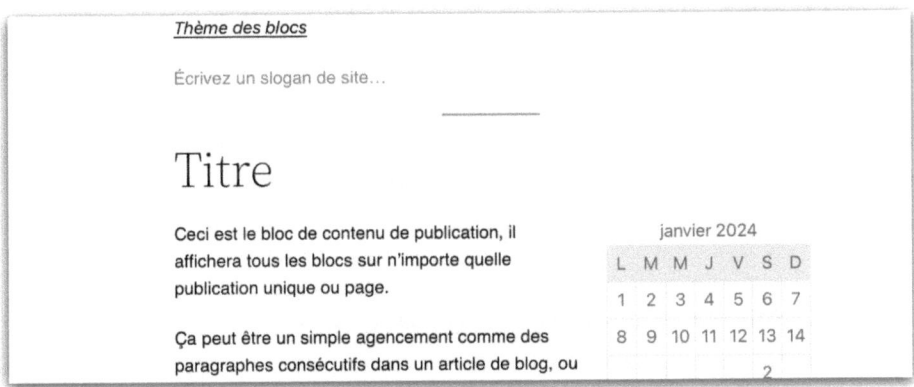

Cliquez sur **Modifier**.

Cliquez sur le bouton ➕ et sélectionnez **Compositions > En-têtes > En-tête de texte uniquement avec slogan et fond noir**.

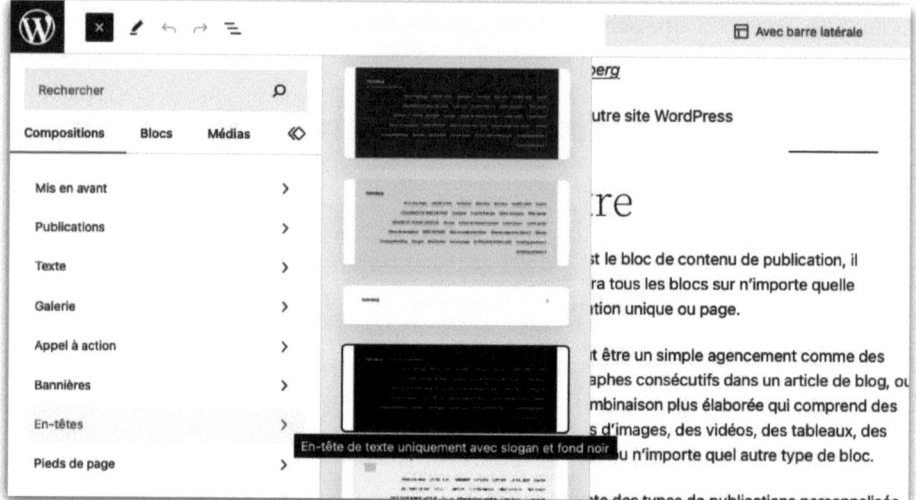

Sélectionnez ensuite **Compositions > Pieds de page > Pied de page sombre avec titre et citation**.

Utilisez la **vue en liste** pour visualiser la structure. En haut du modèle, retirez le **groupe** avec le *titre du site* et le *slogan du site*. Vous pouvez faire glisser **l'en-tête** du modèle vers le haut et le **pied de page** vers le bas. Cliquez ensuite sur **Enregistrer**.

D'autres mesures ont été prises par la suite pour faire en sorte que le modèle s'adapte mieux au thème. Vous pouvez également ajouter le bloc **Image présentée dans la publication**.

Le bloc **Colonnes** est placé dans un **groupe**. Sélectionnez le bloc **Groupe** et accédez aux réglages du bloc (colonne de droite).

WordPress - Thème des blocs

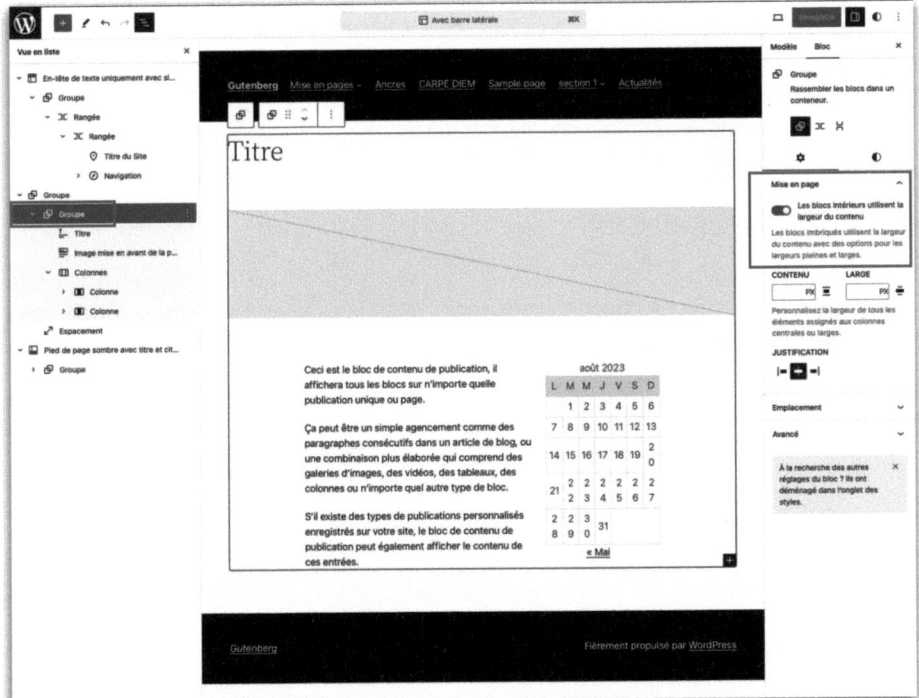

Au niveau de la **Mise en page**, activez **Les blocs intérieurs utilisent la largeur du contenu**. Les blocs imbriqués l'utilisent pour remplir la largeur de ce conteneur.

Si vous souhaitez en savoir plus sur les propriétés des blocs, vous pouvez les trouver dans **Modèles > Pages** ou **Article unique**.

Cliquez ensuite sur **Enregistrer** et affichez la page.

Réutilisation d'une mise en page standard

Si vous souhaitez utiliser la mise en page d'un modèle standard dans un nouveau modèle, vous pouvez utiliser la mise en page d'un modèle standard. Il n'est donc pas nécessaire d'ajouter un en-tête et un pied de page à un nouveau modèle.

Allez dans le modèle **Articles uniques**. Dans la colonne de droite **Options** (3 points), sélectionnez **Editeur de code**.

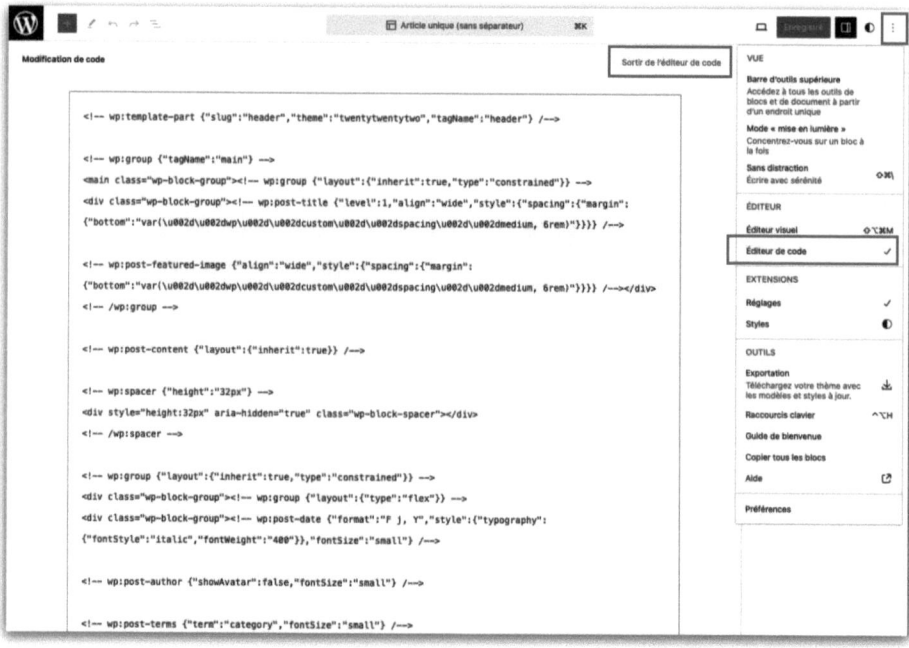

Copiez l'intégralité du code et **collez**-le dans le modèle **Avec colonne latérale**. Cela écrasera le formatage. Revenez ensuite à **l'éditeur visuel**.

Une fois le modèle enregistré, vous pouvez le personnaliser en ajoutant des blocs supplémentaires tels que des **colonnes** et un **calendrier**.

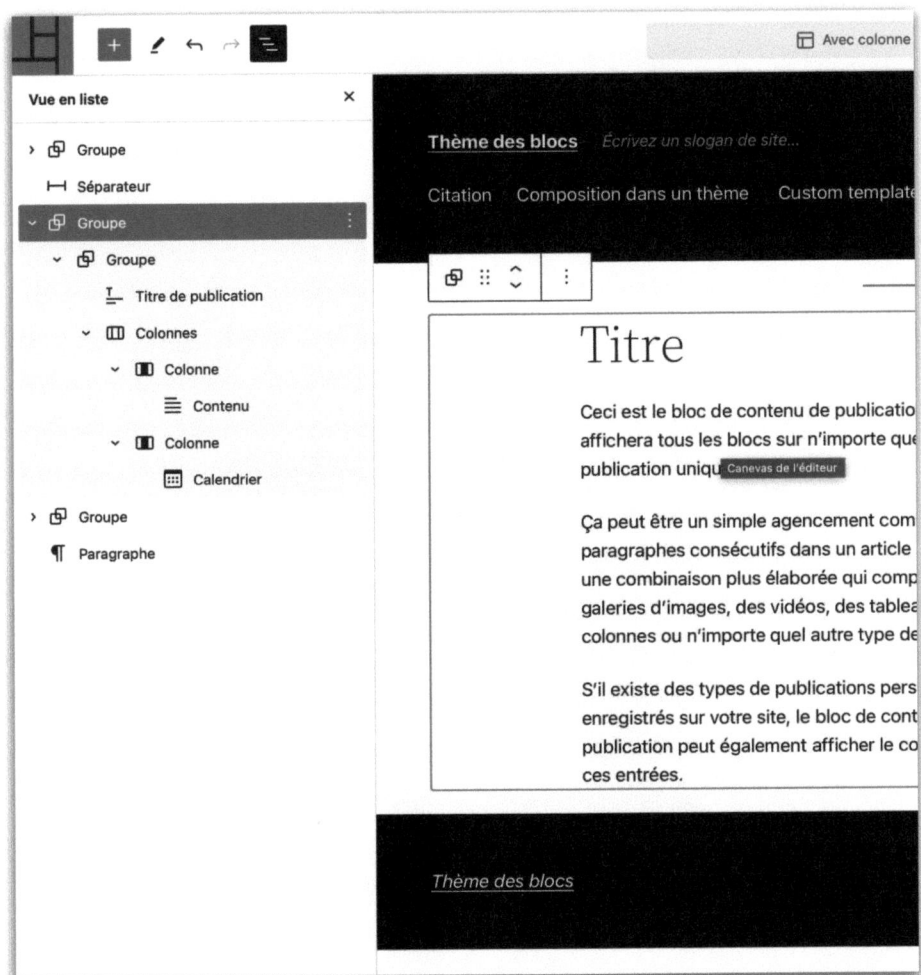

La **vue en liste** vous permet de voir comment le modèle a été personnalisé.

WordPress - Thème des blocs

BLOCS DE THÈME

Après l'activation d'un thème des blocs, les éléments de menu **Widgets** et **Navigation** ne sont plus inclus dans le **tableau de bord**.

Les **widgets** et les **blocs de théme** sont ajoutés dans un thème des blocs à l'aide de l'éditeur de site. L'utilisateur peut décider du modèle et de la position de ces éléments. Dans un thème classique, ces éléments ont une position fixe.

Blocs de widgets

Les blocs de widgets sont inclus dans l'éditeur de pages depuis la version 5.8 et sont également visibles dans l'éditeur de sites.

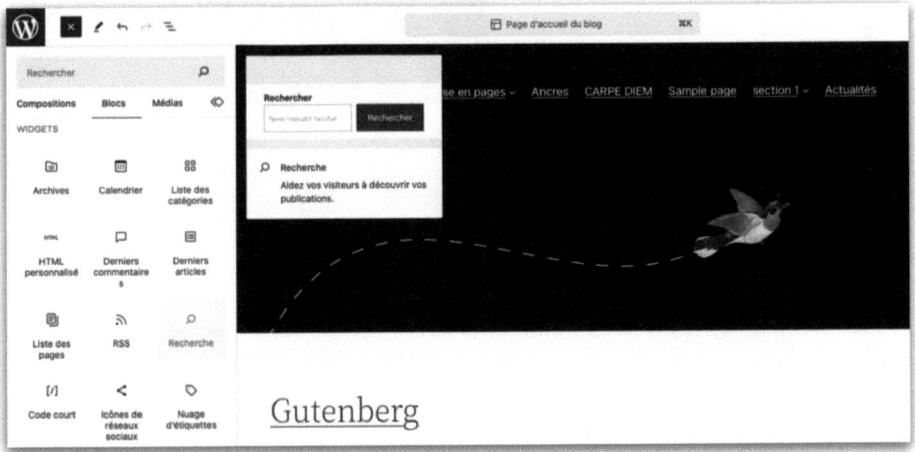

Les blocs de widgets disponibles sont : Archives, Calendrier, Liste des catégories, HTML personnalisé, Derniers commentaires, Derniers articles, Liste des pages, RSS, Recherche, Code court, Icônes de réseaux sociaux et Nuage d'étiquettes.

Allez dans **Tableau de bord > Apparence > Editeur > Modèles - Page d'accueil du blog**. Passez votre curseur sur un bloc de widget, et vous verrez le texte et les explications.

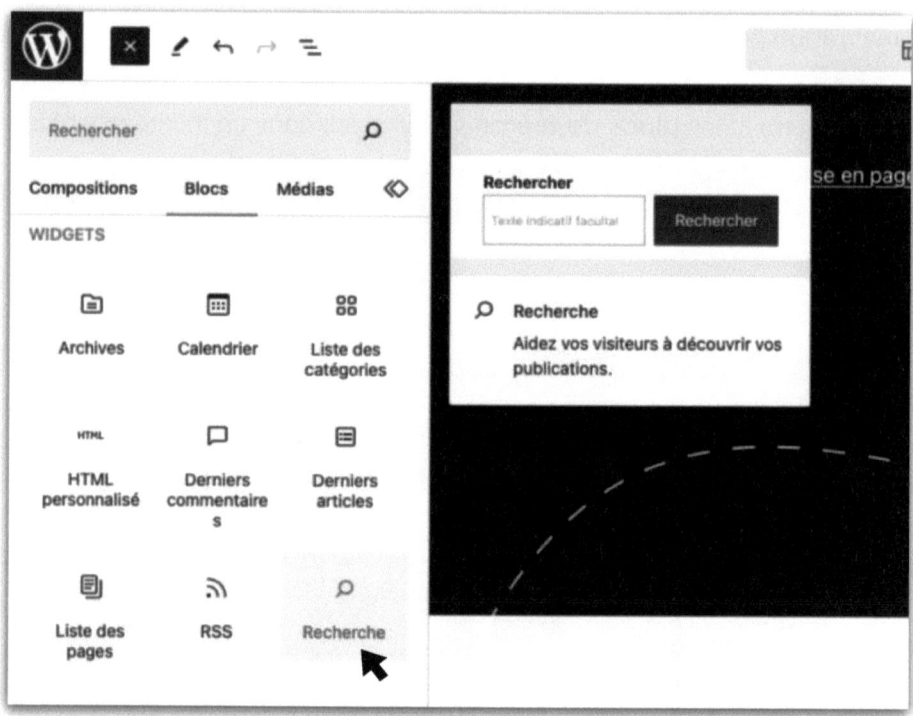

Vous pouvez placer un widget n'importe où dans le thème des blocs. Dans un thème classique, il n'est possible de placer un widget que dans un espace désigné, tel qu'une colonne latérale ou un pied de page.

Un bloc de widgets peut également être inséré dans une page ou un article.

Blocs de thème

En utilisant l'icône + dans l'inserteur de blocs, un certain nombre de blocs théme peuvent être visualisés.

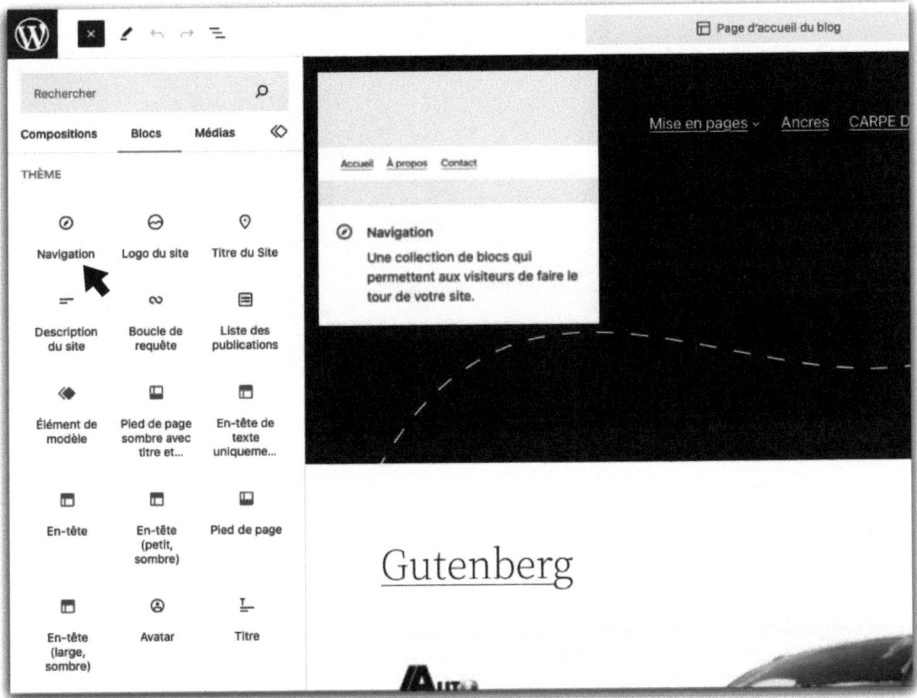

Les blocs de thème suivants sont disponibles : Navigation, Logo-, Titre- et Slogan du site, Boucle de requête, Liste des publications, Élément de modèle, Pied de page, En-tête, Avatar, Titre, Extrait, Image mise en avant, Contenu-, Auteur-, Nom-, Date de publication, Catégories, Étiquettes, Article suivant et précédent, Lien lire la suite, Commentaires, Formulaire de commentaires, Connexion/Déconnexion, Description du terme Titre d'archive et Résultat de la recherche et Biographie de l'auteur.

En passant le curseur sur un bloc de sujet, le texte et l'explication s'affichent.

La **vue en liste** permet de voir de quels blocs se compose une page d'accueil.

Avec les blocs de théme, vous déterminez la mise en page d'une page web. Vous avez la même liberté de modifier, supprimer ou déplacer les blocs qu'un **éditeur de pages**.

WordPress - Thème des blocs

COMPOSTIONS DE THÈME

Dans l'éditeur de site, un thème possède ses propres compositions. Celles-ci sont constituées de différents blocs de thème. Il s'agit d'en-têtes, de pieds de page, de pages, de boutons, de colonnes, de textes, etc.

Grâce aux compositions, les utilisateurs n'ont plus besoin de composer leurs propres mises en page.

Cliquez sur l'icône ➕ de l'inserteur de blocs. Sélectionnez ensuite l'onglet **Compositions**. Il est divisé en plusieurs catégories : En Mis en avant, Publications, Texte, Galerie, Appel à l'action, Bannières, En-têtes, Pieds de page, Pages et Témoignages.

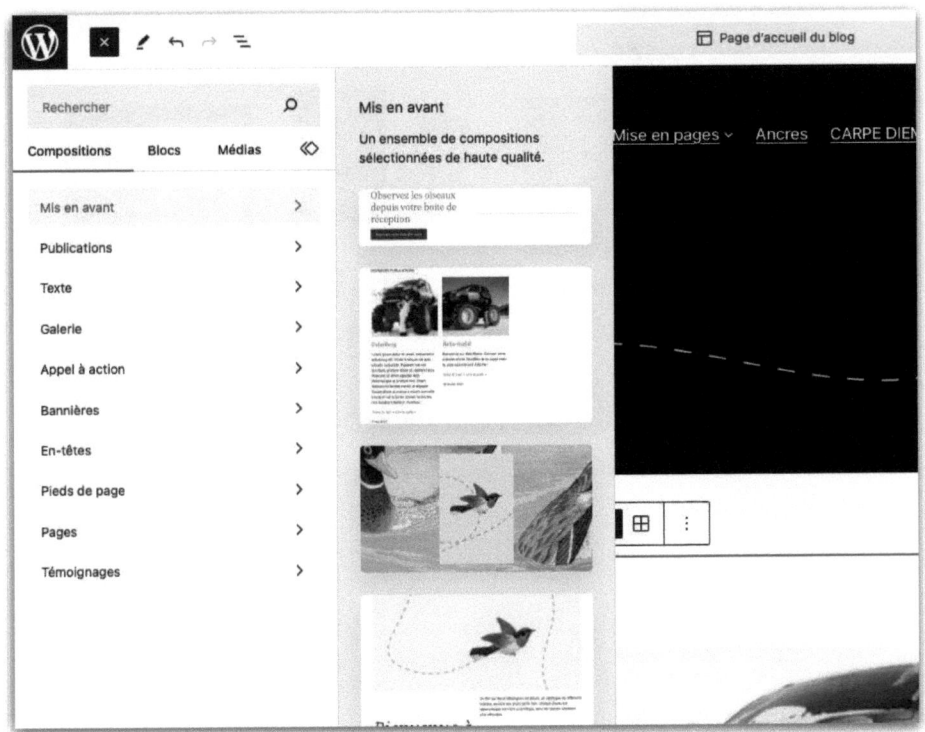

Faites une sélection, puis le composition est ajouté au modèle.

Le bouton **Explorer toutes les compositions** (à partir de l'outil d'insertion de blocs) affiche les mêmes catégories dans une fenêtre contextuelle.

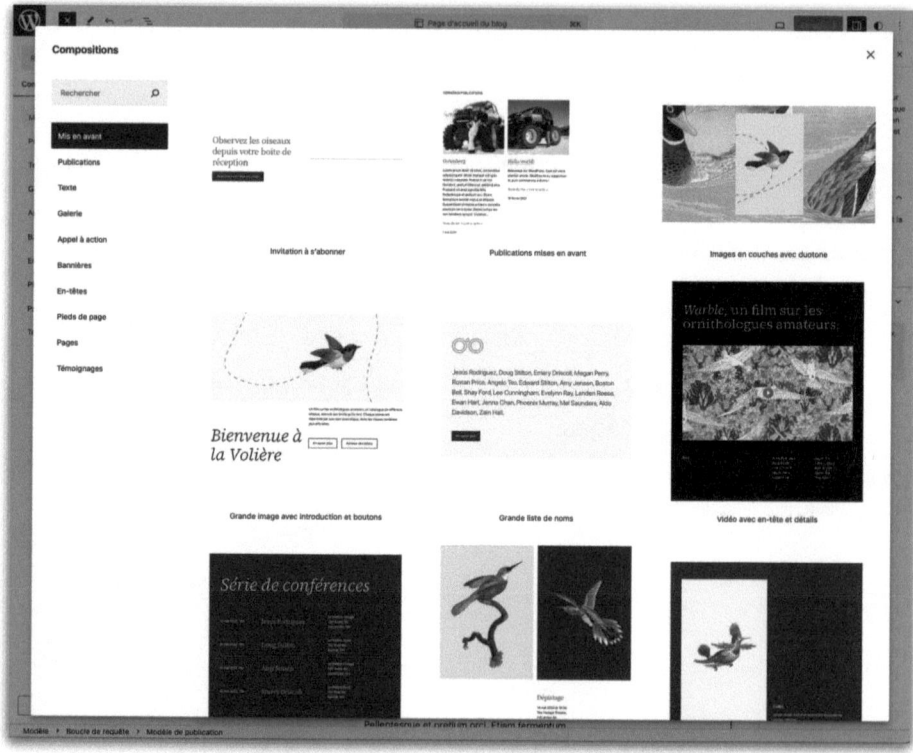

Une fois la sélection effectuée, elle est ajoutée au modèle.

La chapitre *Créer un modèle* explique comment ajouter des compositions à un thème.

WordPress - Thème des blocs

STYLES GLOBAUX

La conception d'un thème des blocs est décidée par un web designer. Outre une mise en page, un formatage et des modèles standard, il est également décidé quels **styles globaux**, seront appliqués.

Il s'agit des styles de **typographie**, de **couleur** et de **mise en page**. Ce style est également appliqué aux blocs de l'éditeur. Chaque thème possède son propre styles globaux. La personnalisation d'un styles globaux peut se faire à l'aide de l'éditeur de site.

Appliquer des styles pratiques

Allez dans **Tableau de bord > Apparence > Éditeur > Styles**. Le thème *Twenty Twenty-Two* propose 4 combinaisons de styles. Vous pouvez choisir une variante différente à partir de cet écran ou modifier un style.

Cliquez sur l'icône du **crayon** (Modifier les styles).

Parcourir les styles

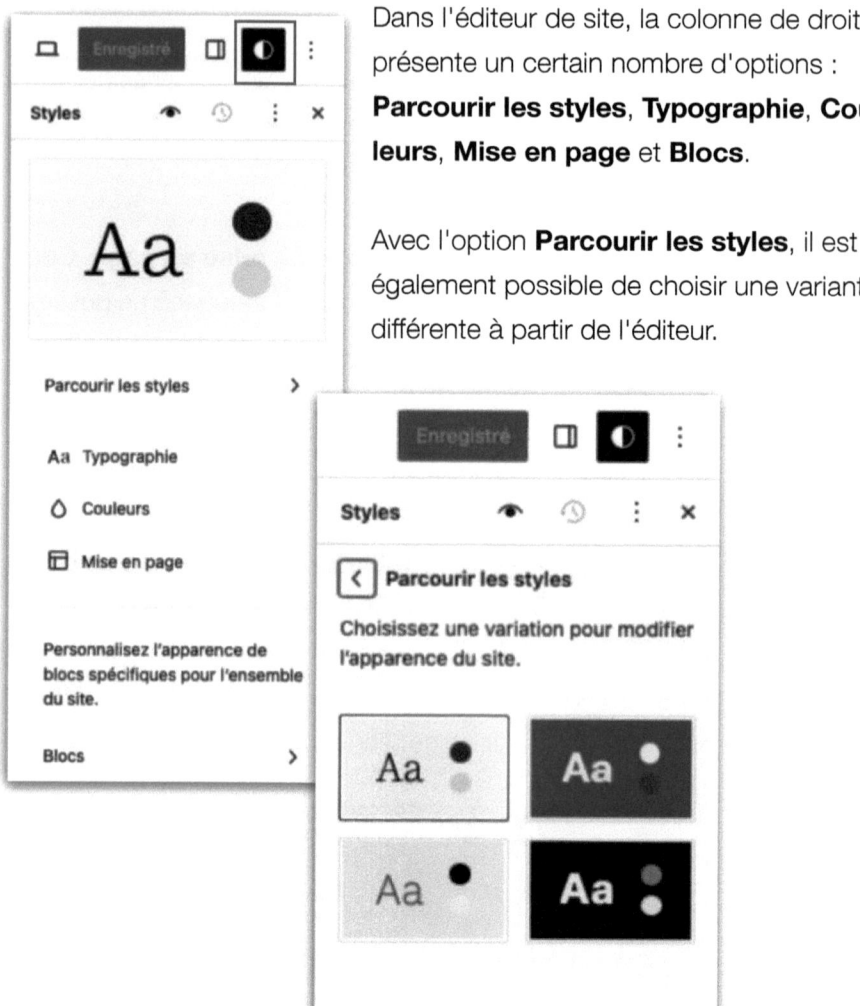

Dans l'éditeur de site, la colonne de droite présente un certain nombre d'options : **Parcourir les styles**, **Typographie**, **Couleurs**, **Mise en page** et **Blocs**.

Avec l'option **Parcourir les styles**, il est également possible de choisir une variante différente à partir de l'éditeur.

Typographie

Le panneau vous permet de personnaliser cinq éléments de style : **Texte**, **Liens**, **Titres**, **Légendes** et **Boutons**.

Dans le panneau, sélectionnez un **élément**.

Couleurs

Le panneau vous permet de modifier les **couleurs** de la palette, du **texte**, de l'**arrière-plan**, des **liens**, des **légendes**, des **boutons** et de **l'en-tête**. Dans le panneau, sélectionnez une **couleur**.

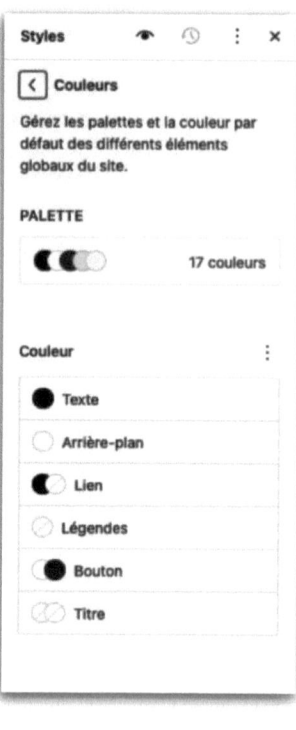

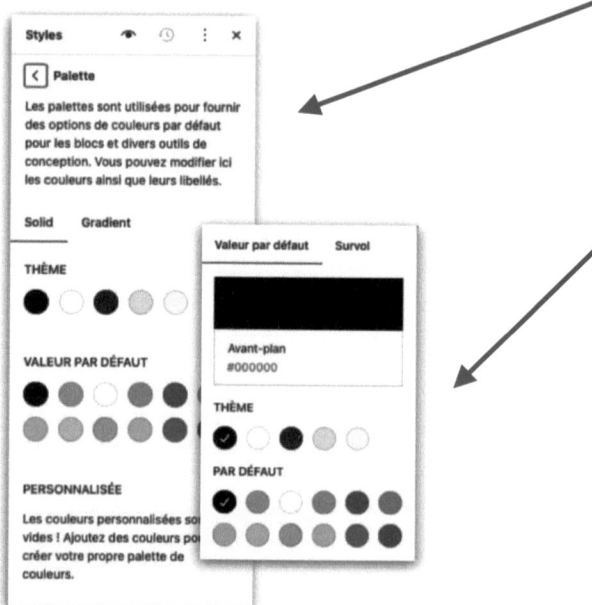

Le panneau **Ombres** vous permet de gérer et de créer des styles d'ombres à utiliser dans l'ensemble du site.

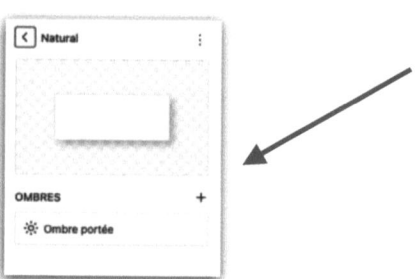

Mise en page

Le panneau vous permet de personnaliser les **marges internes** du thème (Padding). Cela permet de créer de l'espace supplémentaire à l'intérieur du thème.

Cliquez sur **Marges internes options** pour spécifier une marge par côté. Sélectionnez **px** pour modifier les unités de mesure.

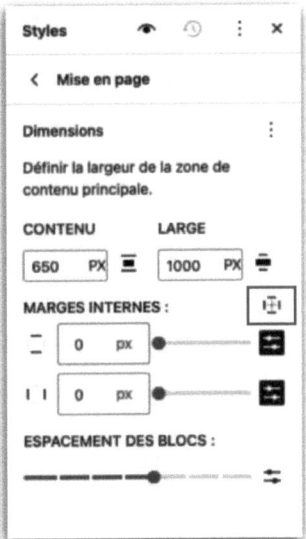

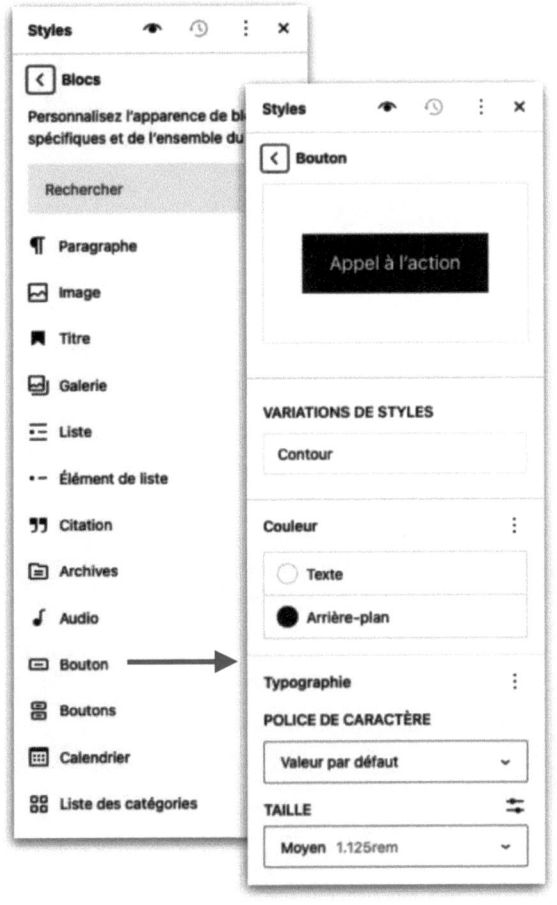

Blocs

Le panneau vous permet de personnaliser l'apparence de blocs spécifiques et du site dans son ensemble.

Après avoir inséré un bloc, il est encore possible de le modifier individuellement à l'aide de l'éditeur.

Dans ce panneau, sélectionnez un bloc pour modifier son styles globaux.

Dans cet exemple, le bloc **Paragraphe** est choisi.

Le nombre d'options de style varie pour chaque bloc.

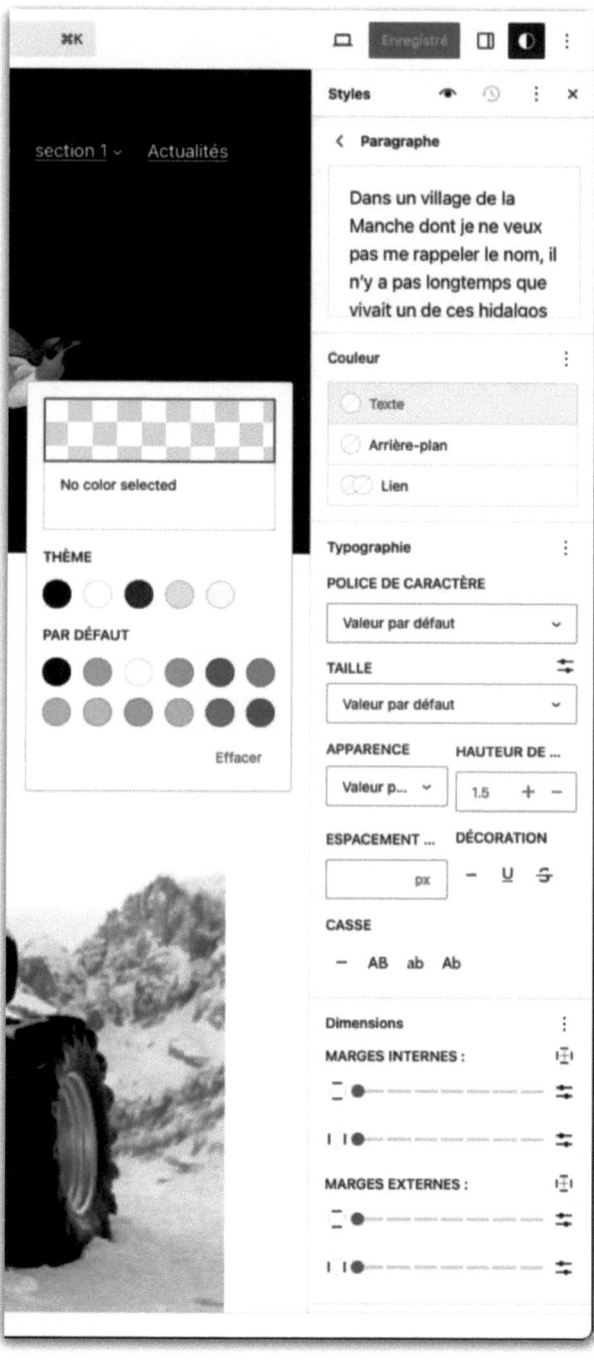

Réinitialiser du style de bloc

Si le style d'un bloc a été modifié et que vous souhaitez revenir à la configuration par défaut, rendez-vous dans le panneau **Blocs > Paragraphe > Couleur**.

À l'aide des **options de couleur** (trois points), choisissez **RÉINITIALISER** ou **Tout Réinitialiser**.

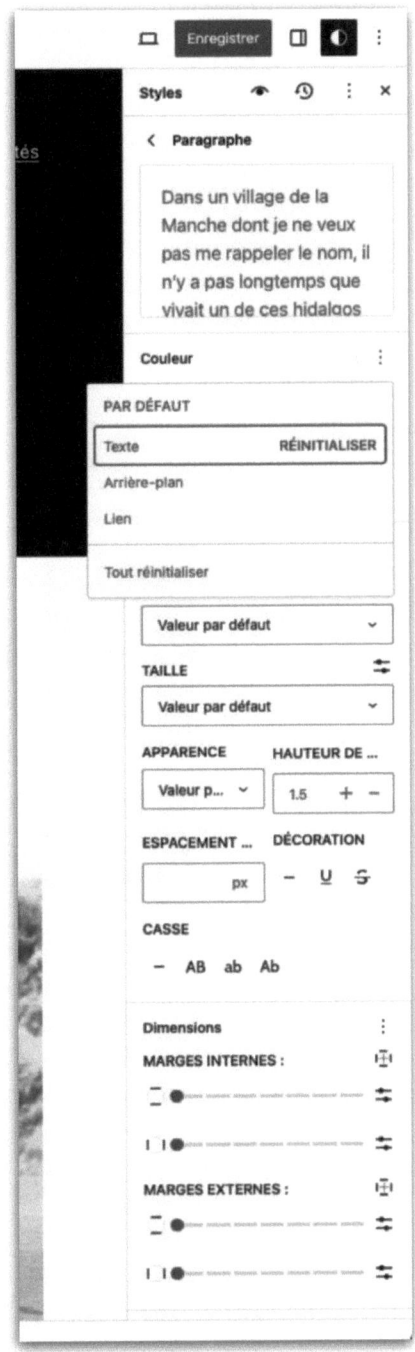

WordPress - Thème des blocs

GRANDE ET PLEINE LARGEUR

L'éditeur de blocs propose de nouvelles options d'alignement : **Grande** et **Pleine largeur**. Cela permet à un bloc d'utiliser la largeur disponible d'un **thème** ou de la **fenêtre du navigateur**. Tous les thèmes ne prennent pas en charge ces options, auquel cas elles ne seront pas affichées.

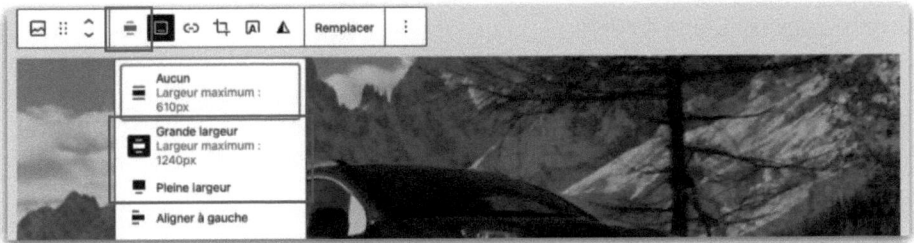

Voici un aperçu des blocs qui l'utilisent :

TEXTE	DESIGN	CONTENU EMBARQUÉ
Titre	Colonnes	Tous - sauf si le confinement est limité
Citation	Groupe, Rangée	
Tableau	Séparateur	

MÉDIA	WIDGETS	THÈME
Image	Archives	Boucle de requête
Galerie	Calendrier	Publication :
Audio	Catégories	- titre
Bannière	Derniers commentaires	- contenu
Fichier	Derniers articles	- date
Média & texte	RSS	- extrait
Vidéo	Nuage d'étiquettes	- image mise en avant

La **Grande largeur** utilise toute la largeur du thème. Dans la plupart des cas, un thème a une largeur maximale. Si le site se charge sur un écran de navigateur plus large que le thème, le bloc aura la même largeur que le thème.

La **Pleine largeur** utilise la largeur totale d'une fenêtre de navigateur. Si le site est chargé dans une fenêtre plus large que le thème, le bloc aura la même largeur que la fenêtre.

L'option **Toute la hauteur** ne fonctionne qu'avec une bannière. Cette option permet d'afficher la hauteur totale d'une image. Vous pouvez combiner cette option avec grande largeur et pleine. Le thème Twenty Twenty-One supporte ces options, comme le montre l'exemple ci-contre.

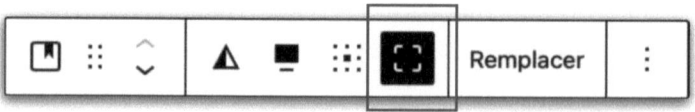

En haut de la page suivante, vous pouvez voir un bloc de paragraphe et un bloc d'image, tous deux **centrés**. En dessous, on trouve une colonne de texte et une image **grande largeur**. En bas de page, on trouve une colonne et une image **pleine largeur** (voir : propriété du bloc - taille de l'image).

Grâce à ces nouvelles options, vous n'êtes plus limité à la largeur standard d'une page. Cela offre plus d'espace pour utiliser une Bannière comme en-tête ou créer une page à trois colonnes. Vous pouvez également placer différents blocs côte à côte.

Lorsque vous utilisez un autre thème, assurez-vous de vérifier si le thème prend en charge ces deux options. Dans le prochain chapitre, je vais vous montrer comment placer deux blocs d'éléments standard ou plus côte à côte.

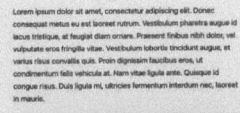

centrée

grande largeur

pleine largeur

WordPress - Thème des blocs

STRUCTURE DU THÈME

En quoi consiste un thème des blocs ? Une fois WordPress installé sur votre ordinateur à l'aide du programme **LOCAL**, vous aurez un accès direct à tous vos fichiers de thème. Pour les utilisateurs de Windows ou de MacOS, allez dans : dossier de l'**utilisateur > Local sites > nom du site > app > public > wp-content > themes**.

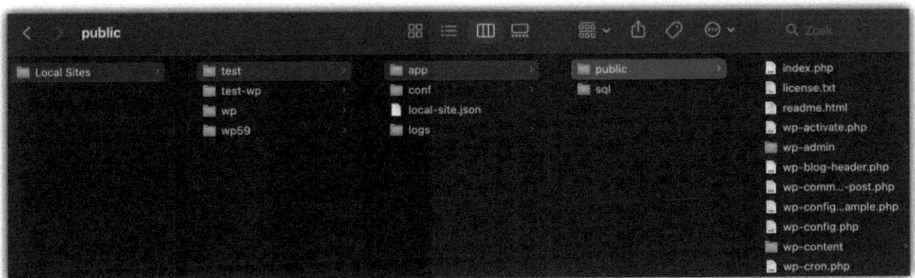

Pour les utilisateurs **MAMP** : **Apps > MAMP > htdocs > nom du site > app > public > wp-content > themes**.

Si WordPress est installé sur un hébergeur, vous pouvez utiliser un **programme FTP** pour accéder aux fichiers de votre thème.

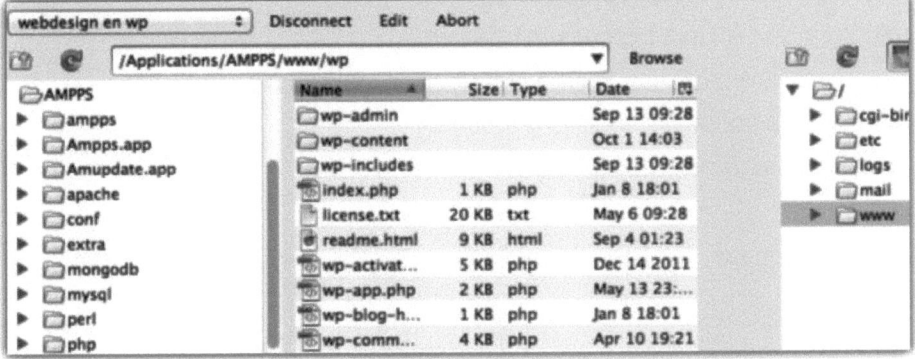

Il existe plusieurs programmes FTP gratuits, tels que **FileZilla** ou **Cyberduck**.

WordPress - Thème des blocs

Dans le dossier **themes**, vous trouverez le thème des blocs **twentytwentytwo**.

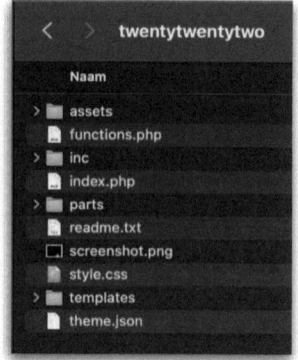

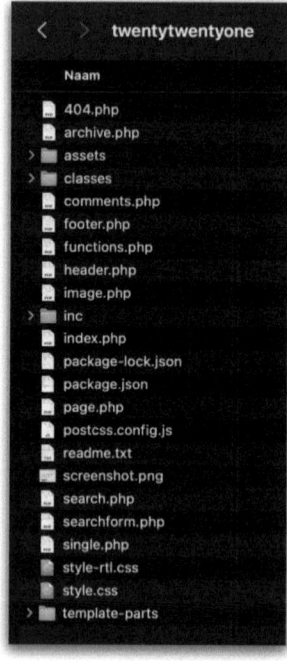

La structure des fichiers d'un thème des blocs (à droite) est différente de celle d'un thème classique (à gauche).

Le thème classique **twentytwentyone** contient beaucoup plus de fichiers PHP et JavaScript.

Un thème des blocs contient moins de fichiers PHP. Il utilise principalement du HTML et un fichier JSON.

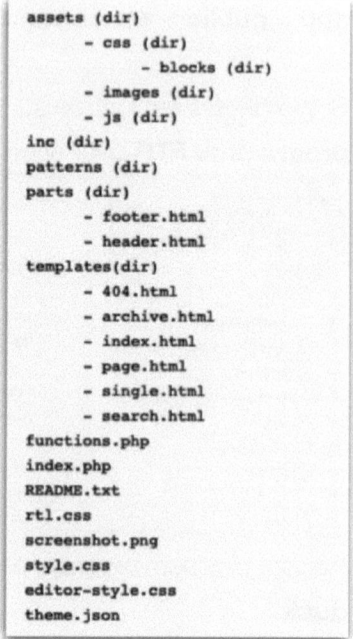

Vous trouverez plus d'informations sur la structure des fichiers pour les thèmes en bloc dans le WordPress Theme Handbook : *https://developer.wordpress.org/themes/block-themes/block-theme-setup*.

Voici un exemple de structure de fichier.

Un thème des blocs standard se compose

des éléments suivants :

- **assets** - qui contient des fichiers tels que des images et des polices, entre autres.
- **functions.php** - configuration et référence aux fichiers du thème.
- **inc** - dossier contenant des fichiers compositions tels que :
  - **block-patterns.php** - fichier de bloc de configuration.
  - **patterns** - dossier contenant divers fichiers de compositions tels que:
    - **header-default.php**.
    - **header-large.php**.
    - **header-small.php**.
    - **etc**.
- **index.php** - à partir de la version 6.0 n'est plus obligatoire.
- **parts** - contient des compositions telles que :
  - **header.html** - composition contenant un bloc d'en-tête.
  - **footer.html** - composition contenant un bloc de pied de page.
  - **sidebar.html** - composition contenant un bloc de colonne latérale.
- **readme.txt** - informations sur le thème.
- **screenshot.png** - aperçu du thème.
- **style.css** - feuille de style du thème.
- **styles** - fichiers de style JSON supplémentaires.
- **templates** - dossier contenant des modèles :
  - **index.html** - modèle pour une page d'accueil.
  - **single.html** - modèle pour un seul message.
  - **page.html** - modèle de page.
- **theme.json** - fichier de configuration pour le style du thème et des blocs.

WordPress - Thème des blocs

PRÉPARATION

Seuls quelques fichiers sont nécessaires pour créer un thème des blocs. Nous commençons par un thème de base, qui se compose d'un certain nombre de fichiers de base. En modifiant les modèles et les parties à partir de l'éditeur de site, vous pouvez changer la structure et le style du thème. Lorsque le thème est prêt, vous pouvez l'exporter et le mettre à la disposition d'autres utilisateurs.

En utilisant le fichier **theme.json**, vous pouvez ajouter un style globaux au thème. Ces styles se trouvent dans les catégories **settings** et **styles**.

```
1  {
2      "version": 2,
3 >    "settings": {-},
46 >   "styles": {-},
74 >   "templateParts": [-],
86 >   "customTemplates": [-]
93  }
```

Dans la catégorie **settings**, vous pouvez inclure des propriétés, tandis que dans la catégorie des **styles**, celles-ci sont appliquées à divers blocs et éléments.

Du point de vue de l'éditeur du site, vous devez principalement vous occuper des **couleurs**, de la **typographie**, de la **mise en page**, des **blocs**, des **éléments** et de leurs **parties**.

Avant de commencer, il est utile de créer une représentation du thème. Sachez ce que vous allez créer. Quelles sont les dimensions du thème ? À quoi ressembleront l'en-tête et le pied de page ? Allez-vous utiliser des modèles supplémentaires, et quels modèles voulez-vous utiliser ?

Sur la page suivante, vous trouverez des sites web qui peuvent vous aider à choisir le bon style.

Mise en page

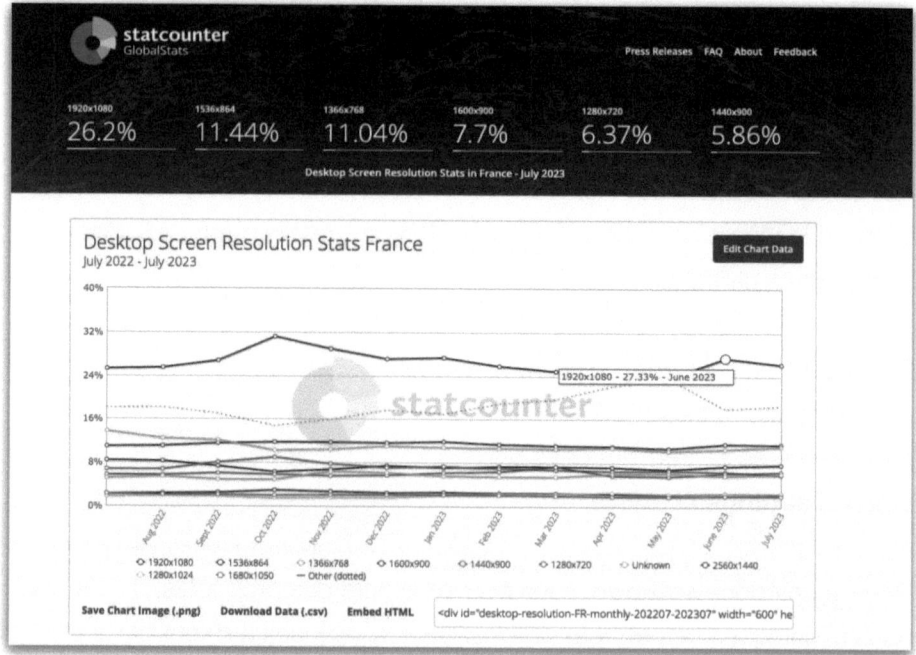

Pour déterminer les dimensions d'une mise en page, vous pouvez utiliser le site web de **Statcounter**. L'objectif d'un thème est de s'adapter à l'écran d'un grand nombre de visiteurs. En France, une résolution d'écran de **1920px X 1080px** ou plus est généralement utilisée.

Un thème des blocs est réactif. L'écran s'adapte automatiquement lorsqu'il est chargé sur une tablette ou un smartphone.

Dans la plupart des thèmes en bloc, la taille du contenu (**ContentSize**) est comprise entre 650px et 1050px et la taille de la largeur (**wideSize**) entre 1600px et 1240px.

Voir : *gs.statcounter.com/screen-resolution-stats/desktop/france*.

Typographie

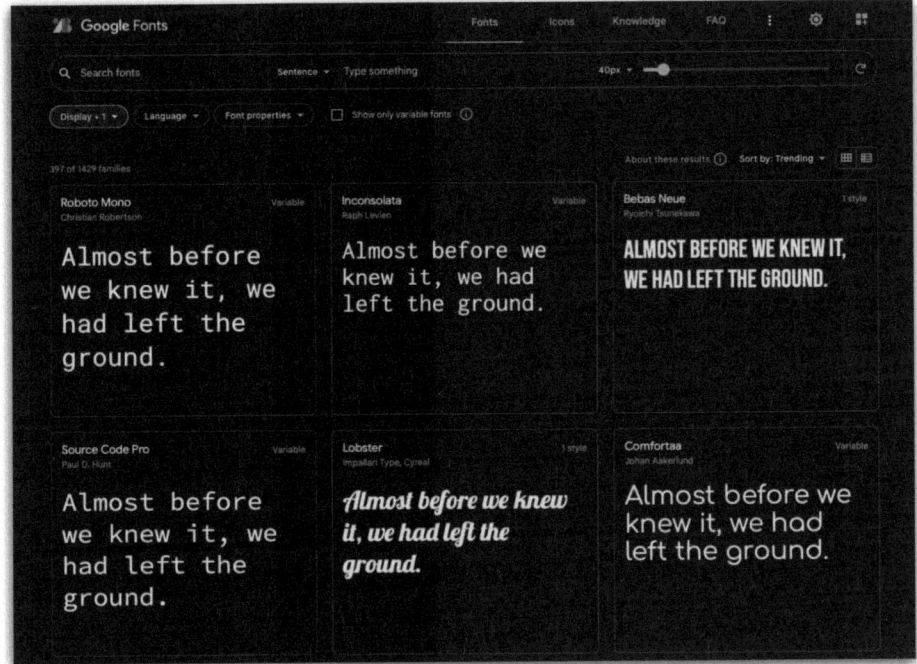

Une police de caractères contribue à l'identité d'une entreprise.

Dans la plupart des cas utilisez une police sûre pour le web, voir : *fonts.google.com/knowledge/glossary/system_font_web_safe_font*.

Vous pouvez également utiliser les polices de Google, voir : *fonts.google.com*. Vous y trouverez une grande variété de polices.

Le chapitre *Google fonts* explique comment appliquer cette méthode.

Couleurs

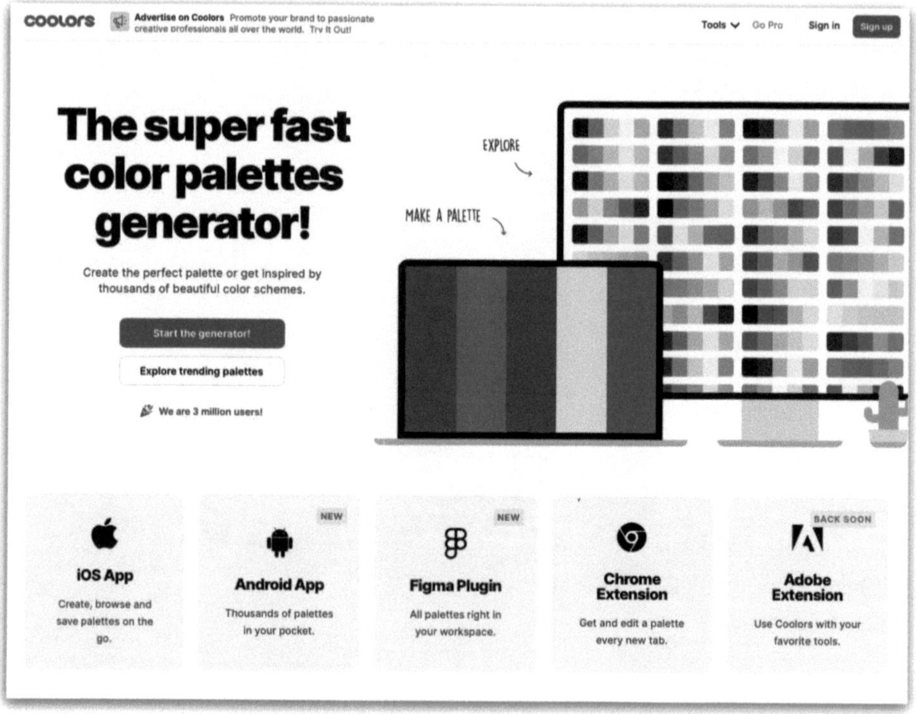

Pour composer une palette de couleurs, vous pouvez utiliser le site web **coolors.co**. Sur ce site, vous pouvez utiliser un générateur de couleurs, des diagrammes ou télécharger une image pour composer une palette de couleurs.

Le résultat final peut être exporté sous forme d'image avec un code couleur.

Conseil : veillez à ce qu'il y ait un contraste. Le texte doit être lisible. Placez une couleur de texte claire sur un fond sombre, ou vice versa.

Conception du thème

Après avoir recueilli des informations et avoir eu une idée de la structure que vous souhaitez utiliser, commencez par établir un plan des différentes pages et des différents compositions.

WordPress - Thème des blocs

CRÉER UN THÈME DES BLOCS

Dans ce livre, nous commençons par un thème des blocs de base et nous l'étendons à un thème des blocs complet. Je recommande de suivre toutes les étapes décrites dans ce livre. Je recommande également d'utiliser les mêmes modèles et fichiers.

Vous pouvez télécharger tous les fichiers du thème :

> Vous avez besoin d'un mot de passe :
> **Adresse: wp-books.com/block-theme**
> **Mot de passe: carpediem_blocktheme**

Lors de la création d'un thème des blocs , vous travaillez également avec du code. Il est recommandé d'utiliser un éditeur de code. Il existe plusieurs éditeurs de code open source. Dans ce livre, **Atom** est utilisé. Pour plus d'informations, voir : *https://atom.io*.

L'éditeur de site est conçu pour **personnaliser** les thèmes des blocs, mais vous pouvez également **créer** des thèmes des blocs. Le résultat final peut être exporté pour être utilisé sur d'autres sites WordPress.

> **Remarque !** Après avoir ajusté les fichiers et les styles manuellement, il est conseillé de vider le cache du navigateur et de rafraîchir le site web plusieurs fois. d'actualiser le site web plusieurs fois.
>
> Si aucun style n'est appliqué, il se peut que le code ne soit pas correct. Réparez le code (revenez en arrière d'une étape) et réessayez.

Videz le **cache du navigateur** après avoir effectué des modifications. Ensuite, vous pouvez cliquer sur le bouton **Voir**.

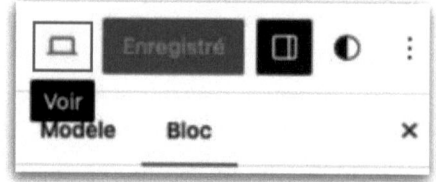

Créez d'abord des **pages** et des **articles**, puis placez un **menu de navigation** dans le thème. Cela vous permettra d'avoir un meilleur aperçu du site web.

Voici un aperçu des étapes que nous allons suivre :

1. Thème des blocs - de base
Ce chapitre crée manuellement un thème de base, qui est ensuite modifié à l'aide de l'éditeur.

2. Thème des blocs - de style
Ce chapitre définit le style globaux du thème, tel que les dimensions, les couleurs et les polices.

3. Thème des blocs - Élargir
Ce chapitre étend le thème de base avec des modèles supplémentaires.

4. Thème des blocs - fonctions
Ce chapitre ajoute des fonctionnalités supplémentaires, telles que l'ajout de JavaScript, de polices Google, etc.

5. Thème des blocs - Composition
Ce chapitre prolonge le thème avec des compositions réalisés dans le style du thème.

6. Thème des blocs - variations
Ce chapitre propose différentes variations de style pour le thème. L'utilisateur peut ainsi choisir d'utiliser une palette de couleurs et une police de caractères différentes.

7. Thème des blocs - animation
Dans ce chapitre, le thème est accompagné d'animations.

8. Thème des blocs - exporter
Ce chapitre exporte le thème personnalisé. Les personnalisations de l'éditeur ne sont pas sauvegardées dans le code source, mais après l'exportation, elles peuvent être retrouvées dans le code source.

9. Starter block theme (thème du bloc de départ)
Ce chapitre explique ce qu'est un thème de départ et comment l'utiliser pour poursuivre le développement.

10. Thème des blocs - generator
Ce chapitre explique ce qu'est un générateur de Théme de blocs et comment l'utiliser pour poursuivre le développement.

11. Blok based child theme plugin
Ce chapitre présente le plugin block based child theme et explique comment l'utiliser pour poursuivre le développement.

12. Plugins de l'éditeur
Ce chapitre explique quels sont les plugins de l'éditeur disponibles pour développer un thème des blocs.

13. Appliquer pratiquement les plugins du thème

Dans ce chapitre, un thème est créé à l'aide de plugins.

14. Thème avec plugins obligatoires ou recommandés

Ce chapitre explique comment ajouter des plugins obligatoires ou recommandés à un thème.

Dans chaque chapitre à thème, vous trouverez une adresse de téléchargement. Vous pouvez consulter ces fichiers et les utiliser pour vos propres créations.

WordPress - Thème des blocs

THÈME DES BLOCS - BASE

Pour créer un thème de base, vous n'avez besoin que de quelques fichiers suffisent.

Un thème de base se compose des éléments suivants

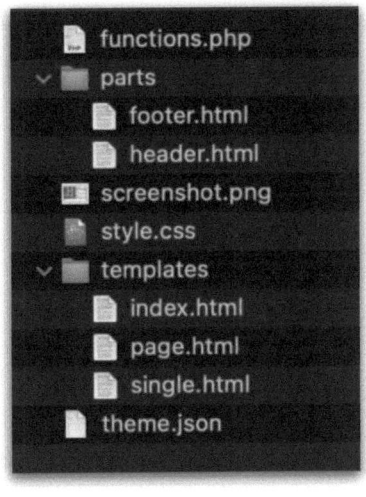

Dossier thème :
- **style.css**
- **screenshot.png**
- **functions.php**
- **theme.json**
- **parts** (dossier)
  - **header.html**
  - **footer.html**
- **templates** (dossier)
  - **index.html**
  - **single.html**
  - **page.html**

Le nom d'un fichier de thème est fixe. Ainsi, les fichiers sont automatiquement reconnus par WordPress. Suivez toutes les étapes de l'instruction pour créer un thème des blocs de base. Vous pouvez également utiliser les fichiers que vous avez téléchargés. Le copier-coller est plus rapide que la réécriture de plusieurs scripts.

> **wp-books.com/block-theme**
> **page 76 - blockthemebasic**

Étapes

1. Installer WordPress en **LOCAL** ou chez un **hébergeur**.
2. Allez dans le **dossier d'installation** de WordPress.
3. Allez dans le dossier **wp-content/themes**.
4. Placez-y un dossier nommé **blockthemebasic**.
5. Insérez ensuite les fichiers **vides** suivants :
    - **screenshot.png**.
    - **style.css**.
    - **functions.php**.
    - **theme.json**.
    - Deux dossiers, **templates** et **parts**.
6. Dans le dossier **templates** placez votre **index.html**, **single.html** et **page.html**.
7. Placez **header.html** et **footer.html** dans le dossier **parts**.
8. Ensuite, ouvrez tous les fichiers du thème et ajoutez le code.
9. Ensuite, à partir du **tableau de bord**, **activez** le thème.

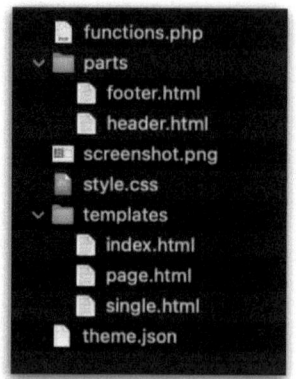

Tous les fichiers, à l'exception **parts**, **templates** et de **screenshot.png**, sont des fichiers texte. Vous pouvez les créer à l'aide d'un éditeur de code (Atom). **Attention !** Utilisez les extensions correctes **.php, .css, .html** et **.json** lors de l'enregistrement.

Pour mieux visualiser les pages et les articles, vous pouvez doter le thème d'un menu de navigation. Celui-ci peut être créé à l'aide de l'éditeur.

Les scripts proviennent de :
https://developer.wordpress.org/themes/block-themes
et le thème des blocs par défaut Twenty Twenty-Two.

screenshot.png

Il s'agit généralement d'une représentation du thème.

L'image est visible dans le tableau de bord après l'installation d'un thème.

Nom : **screenshot.png**.
Taille : **300 x 225 pixels**.
Format de fichier : **png**.

style.css

Ouvrez les fichier et copiez les lignes 1 à 23. Les informations ci-dessous seront affichées dans **Tableau de bord > Apparence > Thèmes**.

```
1   /*
2   Theme Name: Block Theme Basic
3   Author: WP Books
4   Author URI: https://www.wp-books.com
5   Theme URI: https://www.wp-books.com/block-theme/
6   Description:  Everything you need to know about block themes.
7   Tags: full, site, editing, block, theme
8   Text Domain: blockthemebasic
9   Requires at least: 6.0
10  Requires PHP: 7.4
11  Tested up to: 6.0
12  Version: 1.0.0
13
14  License: GNU General Public License v2 or later
15  License URI: http://www.gnu.org/licenses/gpl-2.0.html
16
17  All files, unless otherwise stated, are released under the GNU General Public
18  License version 2.0 (http://www.gnu.org/licenses/gpl-2.0.html)
19
20  This theme, like WordPress, is licensed under the GPL.
21  Use it to make something cool, have fun, and share what you've learned
22  with others.
23  */
```

Les styles ne sont pas inclus dans style.css mais dans les fichiers **theme.json**, **templates** et **parts**. Les règles de style dans style.css remplacent les règles de style dans theme.json et ne sont pas accessibles depuis l'éditeur de site.

Theme Name:	Nom du thème.
Author:	Nom du créateur.
Author URI:	URL du créateur.
Theme URI:	URL du thème.
Description:	Description du thème.
Tags:	Mots clés du thème séparés par des virgules.
Version:	Numéro de version.

functions.php

Un thème des blocs n'a pas besoin de functions.php. Néanmoins, il est pratique de l'utiliser. Cela permet d'utiliser des styles, du javascript, des compositions et des fonctions supplémentaires.

```php
<?php

if ( ! function_exists( 'blockthemebasic_support' ) ) :
    function blockthemebasic_support() {

        // Adding support for core block visual styles.
        add_theme_support( 'wp-block-styles' );

        // Enqueue editor styles.
        add_editor_style( 'style.css' );
    }
    add_action( 'after_setup_theme', 'blockthemebasic_support' );
endif;

/**
 * Enqueue scripts and styles.
 */
function blockthemebasic_scripts() {
    // Enqueue theme stylesheet.
    wp_enqueue_style( 'blockthemebasic-style', get_template_directory_uri()
}

add_action( 'wp_enqueue_scripts', 'blockthemebasic_scripts' );
```

Ouvrez le fichier et copiez les lignes 1 à 23 du fichier.

index.html

Ce fichier est la page d'accueil du site web. Le modèle spécifie les **parties du modèle** et les **blocs** du thème qui sont inclus dans ce fichier.

```
1   <!-- wp:template-part {"slug":"header","tagName":"header"} /-->
2
3   <!-- wp:group {"tagName":"main","align":"full","style":{"spacing":{"padding":{"t
4   <main class="wp-block-group alignfull" style="padding-top:0px;padding-right:0px;
•   {"queryId":0,"query":{"perPage":5,"pages":0,"offset":0,"postType":"post","order"
•   yout":{"type":"list"},"align":"full","layout":{"inherit":true}} -->
5   <div class="wp-block-query alignfull"><!-- wp:post-template -->
6   <!-- wp:post-title {"level":1,"isLink":true,"fontSize":"large"} /-->
7
8   <!-- wp:post-featured-image {"isLink":true} /-->
9
10  <!-- wp:group {"layout":{"type":"flex","allowOrientation":false,"verticalAlignme
11  <div class="wp-block-group"><!-- wp:post-author
•   {"showAvatar":false,"byline":"","style":{"spacing":{"margin":{"top":"0px","right
•   "}}}} /-->
12
13  <!-- wp:post-date /-->
14
15  <!-- wp:post-terms {"term":"category"} /--></div>
16  <!-- /wp:group -->
17
18  <!-- wp:post-excerpt {"moreText":"Read more"} /-->
19  <!-- /wp:post-template -->
20
21  <!-- wp:spacer {"height":"40px"} -->
```

Ouvrez **templates > index.html** et copiez les lignes 1 à 33 du fichier.

En haut se trouve une référence à l'**en-tête**.

En dessous, un certain nombre de **blocs de théme** ont été ajoutés, y compris le bloc le plus important, à savoir le bloc **Query**, mieux connu sous le nom de **The Loop**. Ce morceau de code garantit que les articles et les pages sont traités correctement.

Tout en bas, on trouve une référence au le **pied de page**.

Depuis l'éditeur de site, cela ressemble à ceci :

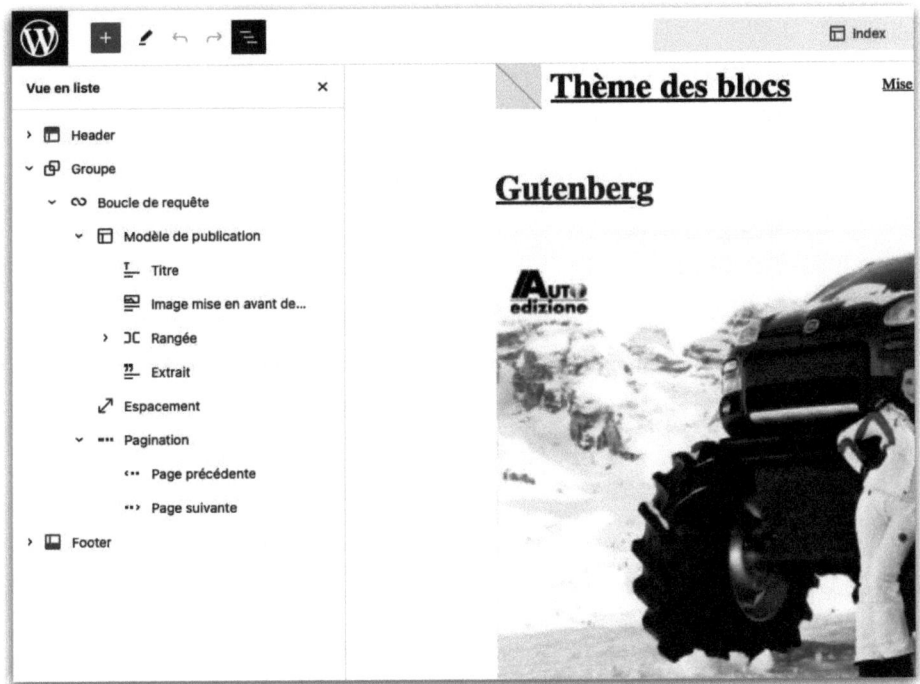

Comme vous pouvez le constater, il ne s'agit pas d'un code HTML standard. Ce code a été créé spécifiquement pour l'éditeur de site. Lorsqu'un modèle est chargé dans un navigateur, le code HTML standard est généré.

Plus d'informations :
https://developer.wordpress.org/themes/block-themes/templates-and-template-parts

single.html

Ce fichier garantit l'affichage complet d'un article individuel. Ce fichier est très similaire à index.html, mais avec l'ajout d'un formulaire de réponse.

Ouvrez **templates > index.html** et copiez les lignes 1 à 55 du fichier.

```
1   <!-- wp:template-part {"slug":"header","tagName":"header"} /-->
2
3   <!-- wp:group {"tagName":"main","align":"full","layout":{"inherit":true}} -->
4   <main class="wp-block-group alignfull"><!-- wp:post-title {"level":1,"fontSize"
5
6   <!-- wp:post-featured-image /-->
7
8   <!-- wp:post-content {"align":"full","layout":{"inherit":true}} /-->
9
10  <!-- wp:spacer {"height":"40px"} -->
11  <div style="height:40px" aria-hidden="true" class="wp-block-spacer"></div>
12  <!-- /wp:spacer -->
13
14  <!-- wp:separator {"opacity":"css","className":"is-style-wide"} -->
15  <hr class="wp-block-separator has-css-opacity is-style-wide"/>
16  <!-- /wp:separator -->
17
18  <!-- wp:comments-query-loop -->
19  <div class="wp-block-comments-query-loop"><!-- wp:comments-title /-->
20
21  <!-- wp:comment-template -->
22  <!-- wp:columns -->
23  <div class="wp-block-columns"><!-- wp:column {"width":"40px"} -->
24  <div class="wp-block-column" style="flex-basis:40px"><!-- wp:avatar {"size":40,
25  <!-- /wp:column -->
26
27  <!-- wp:column -->
28  <div class="wp-block-column"><!-- wp:comment-author-name /-->
29
30  <!-- wp:group {"style":{"spacing":{"margin":{"top":"0px","bottom":"0px"}}},"lay
31  <div class="wp-block-group" style="margin-top:0px;margin-bottom:0px"><!-- wp:co
32
33  <!-- wp:comment-edit-link /--></div>
34  <!-- /wp:group -->
```

En haut, il y a une référence à l'**en-tête**.

En dessous, un certain nombre de **blocs de thème** ont été ajoutés.

En bas, une référence au **pied de page**.

83

Depuis l'éditeur de site, cela ressemble à ceci :

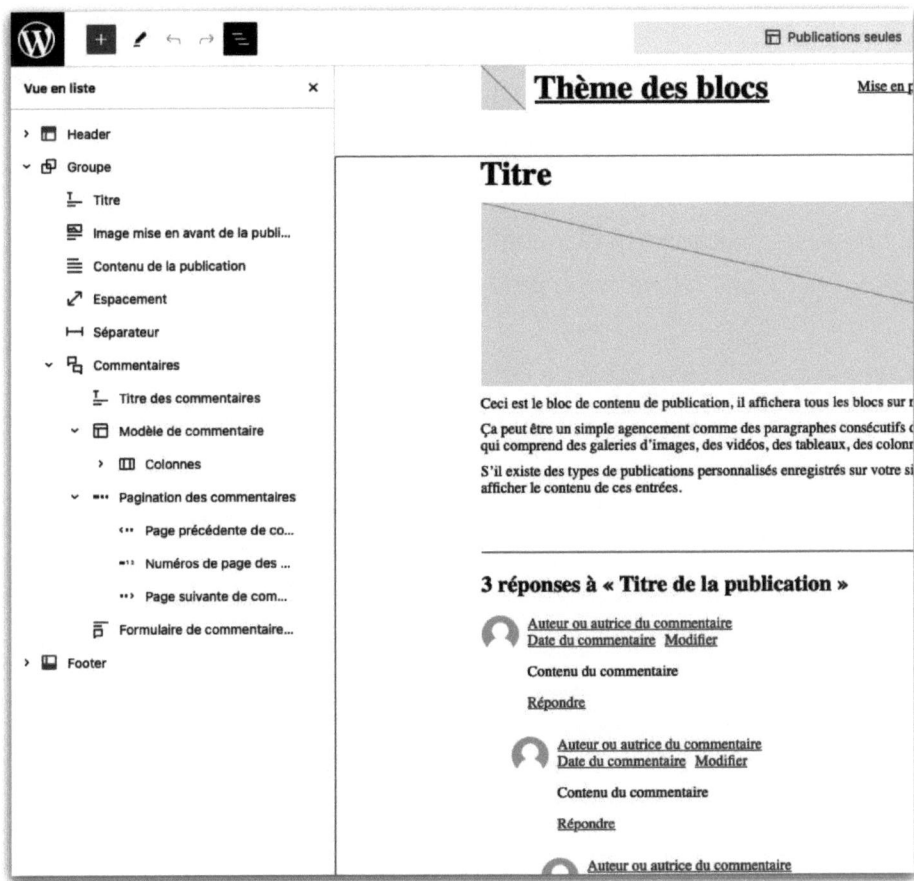

Le formulaire de réponse s'affiche automatiquement lorsqu'un visiteur appelle le message complet. Cette option peut être désactivée dans **Tableau de bord > Réglages > Commentaires** - **Réglages de publication par défaut**.

page.html

Ce fichier provoque l'affichage d'une page. Dans ce cas, il s'agit d'une copie directe de single.html. Ouvrez **templates > index.html** et copiez les lignes 1 à 55 dans le fichier (ou dupliquez single.html).

En haut se trouve une référence à l'**en-tête**.
En dessous, un certain nombre de **blocs de théme** ont été ajoutés.
En bas, il y a une référence au **pied de page**.

Comme il s'agit d'une copie de single.html, le formulaire de réponse y est inclus. Un visiteur peut également commenter une page dans WordPress. Pour utiliser cette option, il faut l'activer à partir de **Tableau de bord > Pages > nom de la page**, voir réglages de la **Commentaires**.

Si vous ne souhaitez pas utiliser de formulaire de commentaire, supprimez les lignes suivantes `<!-- wp:comments-query-loop -->` jusqu'à `<!-- /wp:comments-query-loop -->`, lignes 18 à 52.
Note, balise html `</main>` ne pas supprimer !

Voici les résultats.

```
1   <!-- wp:template-part {"slug":"header","tagName":"header"} /-->
2
3   <!-- wp:group {"tagName":"main","align":"full","layout":{"inherit":true}} -->
4   <main class="wp-block-group alignfull"><!-- wp:post-title {"level":1,"fontSize":"la
5
6   <!-- wp:post-featured-image /-->
7
8   <!-- wp:post-content {"align":"full","layout":{"inherit":true}} /-->
9
10  <!-- wp:spacer {"height":"40px"} -->
11  <div style="height:40px" aria-hidden="true" class="wp-block-spacer"></div>
12  <!-- /wp:spacer --></main>
13  <!-- /wp:group -->
14
15  <!-- wp:template-part {"slug":"footer","tagName":"footer"} /-->
16
```

Depuis l'éditeur de site, cela ressemble à ceci :

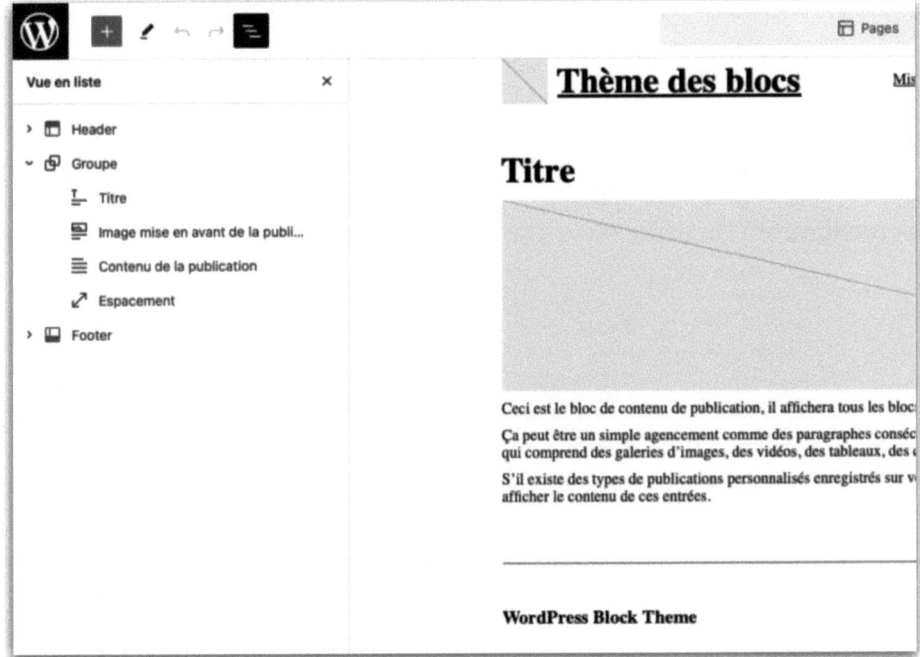

La mise en page d'une page peut être différente de celle d'un article.

Dans ce cas, vous pouvez modifier la structure et le style.

header.html

Dans les modèles, vous pouvez trouver des références à un en-tête et à un pied de page. Ces fichiers se trouvent dans le dossier **parts**.

Ouvrez **header.html** et insérez le code ci-dessous. Dans le bloc **groupe** contient un certain nombre de blocs tels que **group**, **site-logo**, **site-title** et **navigation**. Un espaceur est placé tout en bas.

```html
                header.html
1   <!-- wp:group {"align":"full","layout":{"inherit":true}} -->
2   <div class="wp-block-group alignfull">
3   <!-- wp:group {"layout":{"type":"flex","justifyContent":"space-between"}} -->
4   <div class="wp-block-group">
5       <!-- wp:group {"layout":{"type":"flex"}} -->
6       <div class="wp-block-group">
7           <!-- wp:site-logo {"width":40} /-->
8           <!-- wp:site-title {"fontSize":"large"} /-->
9       </div>
10      <!-- /wp:group -->
11
12      <!-- wp:navigation /-->
13  </div>
14  <!-- /wp:group -->
15  </div>
16  <!-- /wp:group -->
17
18  <!-- wp:spacer {"height":40} -->
19  <div style="height:40px" aria-hidden="true" class="wp-block-spacer"></div>
20  <!-- /wp:spacer -->
```

Depuis l'éditeur de site, cela ressemble à ceci :

Inclure certaines pages dans le bloc Navigation.

footer.html

Ouvrez le fichier et insérez le code ci-dessous.

```html
                footer.html                    •
1   <!-- wp:group {"align":"full","layout":{"inherit":true}} -->
2   <div class="wp-block-group alignfull"><!-- wp:separator {"opacity":"css","className"
3   <hr class="wp-block-separator has-css-opacity is-style-wide"/>
4   <!-- /wp:separator -->
5
6   <!-- wp:spacer {"height":"25px"} -->
7   <div style="height:25px" aria-hidden="true" class="wp-block-spacer"></div>
8   <!-- /wp:spacer -->
9
10  <!-- wp:heading {"level":3} -->
11  <h3 id="footer-info">WordPress Blok Thema</h3>
12  <!-- /wp:heading --></div>
13  <!-- /wp:group -->
14
```

Comme vous pouvez le constater, le **groupe** de blocs contenant le **séparateur** de blocs, **l'espaceur** et l'**en-tête** est inclus.

Depuis l'éditeur de site, cela ressemble à ceci :

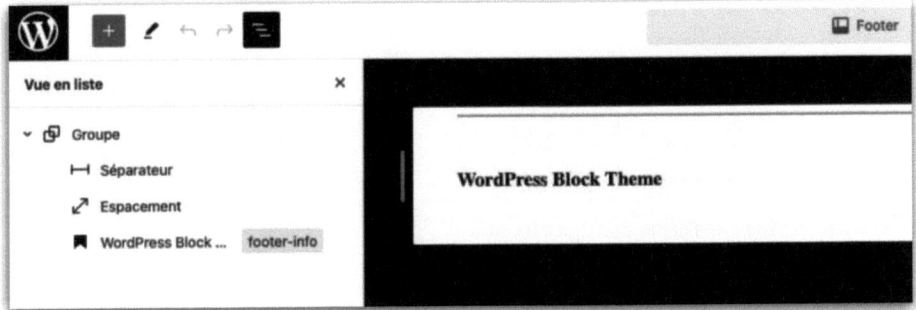

theme.json

Ce fichier contient des **styles globaux**. Les utilisateurs peuvent modifier ces styles à l'aide de l'éditeur. Il est possible d'inclure des variations de thèmes dans un seul fichier, mais il est préférable de les répartir dans plusieurs fichiers json.

Options de configuration :
- Activer ou désactiver des fonctions telles que l'initialisation, le rembourrage, la marge et la hauteur de ligne.
- Ajouter des palettes de couleurs, des dégradés et des duotones.
- Ajouter des tailles de police.
- Ajouter une taille par défaut pour le contenu et la largeur.
- Ajouter une CSS personnalisée
- Affectation de Parts à des modèles.

Ouvrez le fichier et copiez le code. Comme vous pouvez le voir, seuls quelques styles sont actifs, tels que **Spacing** et **Layout**. Cette dernière comporte un **contentSize** et un **wideSize** de **840px** par **1100px**.

TemplateParts indique que le thème utilise un **en-tête** et un **pied de page**. Il s'agit de références aux fichiers HTML correspondants.

```
theme.json
1  {
2      "version": 2,
3      "settings": {
4          "appearanceTools": true,
5          "color": {
6              "palette": [
7                  {
8                      "slug": "",
9                      "color": "",
10                     "name": ""
11                 }
12             ],
13             "gradients": [
14                 {
15                     "slug": "",
16                     "gradient": "",
17                     "name": ""
18                 }
19             ]
20         },
21         "spacing": {
22             "units": ["px", "em"]
23         },
24         "layout": {
25             "contentSize": "840px",
26             "wideSize": "1100px"
27         },
28         "typography": {
29             "fontFamilies": [
30                 {
31                     "name": "",
32                     "slug": "",
33                     "fontFamily": "f"
34                 }
35             ],
36             "fontSizes": [
37                 {
38                     "slug": "",
39                     "size": "",
40                     "name": ""
41                 }
42             ]
43         },
```

informations theme.json :
https://developer.wordpress.org/themes/advanced-topics/theme-json.

Les styles globaux peuvent être trouvés dans l'éditeur de site et de page.

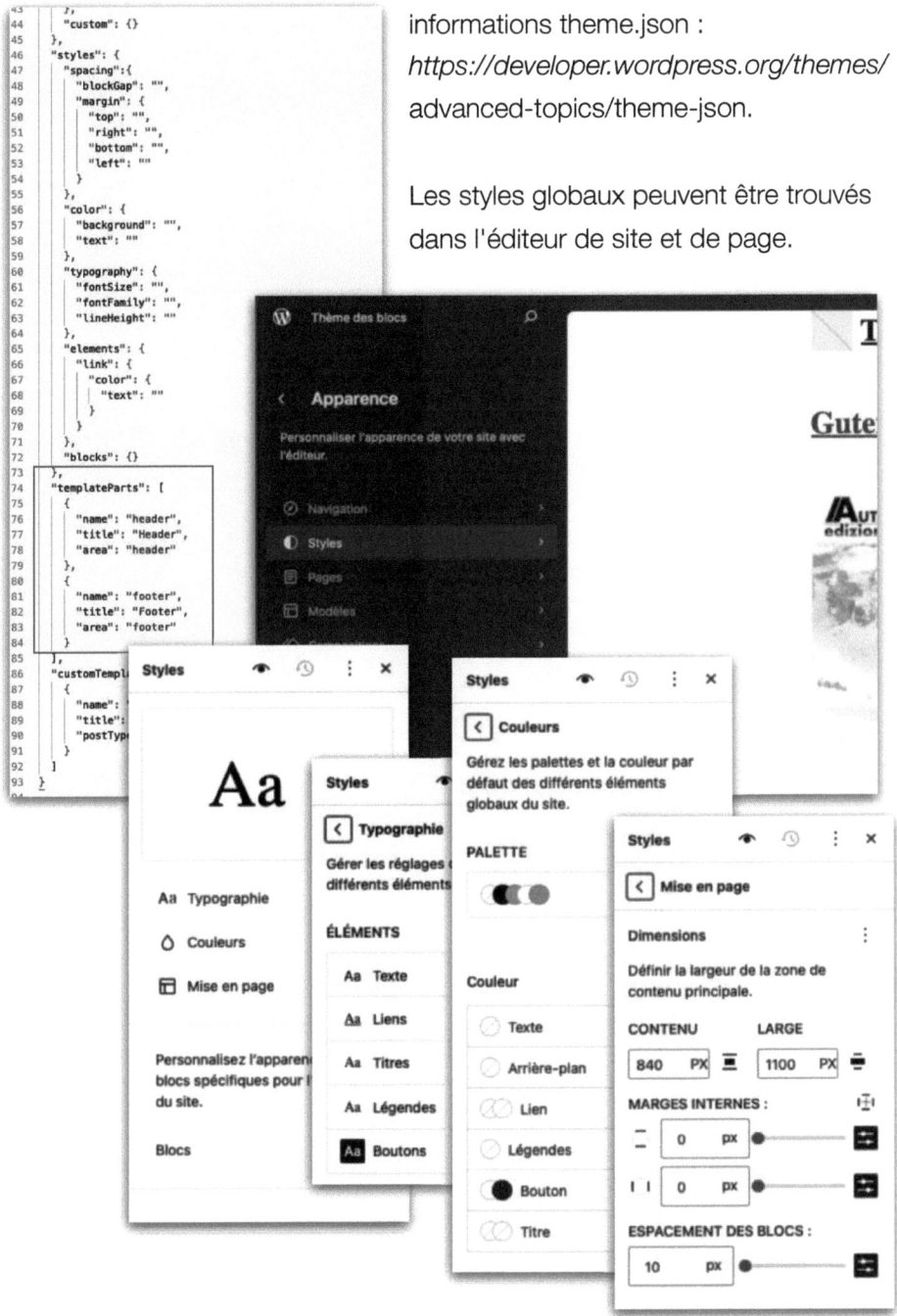

WordPress - Thème des blocs

STYLISER LE THÈME

La page d'accueil utilise le modèle **index.html**.

Si vous cliquez sur le titre d'un article, vous verrez le modèle **single.html**. Les pages utilisent le modèle **page.html**. WordPress s'assure que le thème du bloc est **responsive**.

Lorsque le site se charge sur une tablette ou un smartphone, vous verrez une icône de menu ≡. Les blocs de contenu s'ajustent automatiquement.

Dans les chapitres suivants, vous ajouterez des styles et des modèles supplémentaires au thème.

Styles globaux

La mise en forme du thème pourrait être améliorée. Actuellement, il utilise un style qui définit le **Content** et le **WideSize**. Comme nous le savons maintenant, les styles globaux se trouvent dans le fichier **theme.json**. De plus, aucune police, aucun interligne et aucune couleur de base ne sont utilisés. Ouvrez le fichier et modifiez-le.

Vous y trouverez un numéro de version, 4 catégories et sous-catégories :

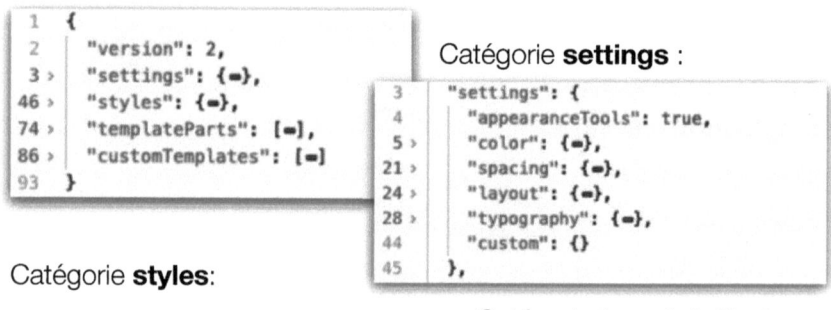

Comme vous pouvez le constater, toutes les catégories et sous-catégories sont ouvertes et fermées par des accolades { }. À l'exception de la dernière, elles sont fermées par une virgule ",".

L'éditeur de code *Atom* rend la structure transparente. En cliquant sur la flèche **>** à droite d'un numéro de ligne, vous pouvez réduire et déplier la structure du code imbriqué. Pour voir les lignes verticales, allez dans **Préférences > Editor > Show Indent Guide**.

Utilisez les styles ci-dessous pour ajouter plus de mise en forme au thème des blocs. Cela rendra le site plus lisible, grâce à une police différente, une hauteur de ligne adaptée et des espaces horizontaux et verticaux supplémentaires autour des différents blocs.

Blok spacing:
Règle 48, styles > spacing > blockGap -10px.

Achtergrondkleur:
Règle 57, styles > color > background - #3e3e3e (gris foncé).

Tekstkleur, grote, type en regelhoogte :
Règle 58, styles > color > text - #ffffff (blanc).
Règle 61, styles > typography > fontSize - 16px.
Règle 62, styles > typography > fontFamily - Sans-serif.
Règle 63, styles > typography > lineHeight - 1.6.

Consultez le site web.

> wp-books.com/block-theme
> page 94 - theme.json

Theme.json expliqué

Styles de catégorie

En utilisant les styles de catégorie, le thème est doté d'une mise en page de base.

Les styles sont les styles globaux d'un thème. Vous trouverez ici les catégories **spacing**, **color**, **typography**, **elements** et **blocs**.

Les **Blocks** contiennent les propriétés border et radius et de rayon.

```
46    "styles": {
47      "spacing":{
48        "blockGap": "10px",
49        "margin": {
50          "top": "",
51          "right": "",
52          "bottom": "",
53          "left": ""
54        }
55      },
56      "color": {
57        "background": "#3e3e3e",
58        "text": "#fff"
59      },
60      "typography": {
61        "fontSize": "16px",
62        "fontFamily": "Sans-serif",
63        "lineHeight": "1.6"
64      },
65      "elements": {
66        "link": {
67          "color": {
68            "text": "#fff"
69          }
70        }
71      },
72      "blocks": {}
73    },
```

Categorie settings

```
"settings": {
  "appearanceTools": true,
  "color": {
    "palette": [
      {
        "slug": "",
        "color": "",
        "name": ""
      }
    ],
    "gradients": [
      {
        "slug": "",
        "gradient": "",
        "name": ""
      }
    ]
  },
  "spacing": {
    "units": []
  },
  "layout": {
    "contentSize": "840px",
    "wideSize": "1100px"
  },
  "typography": {
    "fontFamilies": [
      {
        "name": "",
        "slug": "",
        "fontFamily": ""
      }
    ],
    "fontSizes":[
      {
        "slug": "",
        "size": "14px",
        "name": ""
      }
    ]
  },
  "custom": {}
```

Dans la catégorie **settings**, vous trouverez les sous-catégories **appearanceTools**, **color**, **spacing**, **layout**, **typography** et **custom**.

Avec **appearanceTools - false**, toutes les sous-catégories sont désactivées.

Color vous permet de créer une palette.

Spacing crée l'espacement des blocs.

Utilisez **layout** pour définir la largeur d'un site.

Utilisez **typography** pour composer la police de caractères.

Custom vous permet d'ajouter un style aux blocs.

WordPress recommande d'inclure toutes les propriétés de style dans la catégorie **settings**. Dans la catégorie des **styles**, utilisez des **variables** plutôt que des valeurs. L'avantage de cette méthode est que vous ne devez saisir ou modifier une variable qu'une seule fois.

Dans l'exemple ci-dessous, les propriétés de style sont incluses dans la catégorie **settings** - **color**.

```
 3   "settings": {
 4       "appearanceTools": true,
 5       "color": {
 6           "palette": [
 7               {
 8                   "slug": "foreground",
 9                   "color": "#ffffff",
10                   "name": "foreground"
11               },
```

La catégorie **styles** utilise des **variables** au lieu d'une valeur.

Une **variable** theme.json est structurée de la manière suivante. Le script commence par **var ( )**, entre crochets une référence aux réglages de WordPress **wp--preset**, suivie de la catégorie **color** et **slug**.

Un slug est un sélecteur de nom et contient un code couleur ou un nom. Les noms (sélecteurs) sont séparés par deux traits --. Les variables sont utilisées pour la color, typography et spacing, entre autres choses.
Dans theme.json, cela ressemble à ceci :

```
var(--wp--preset--color--foreground)
```

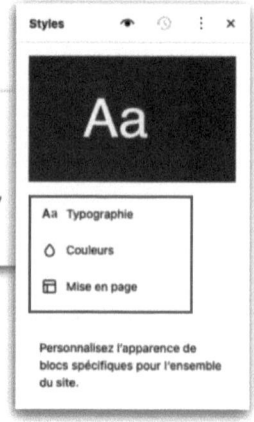

```
"styles": {
  "spacing":{=},
  "color": {
    "background": "var(--wp--preset--color--background)",
    "text": "var(--wp--preset--color--foreground)"
  },
```

Une fois le fichier enregistré, les styles sont visibles dans l'éditeur de site.

Une fois qu'une **palette de couleur**s a été créée, elle peut également être utilisée pour les **dégradés**. Dans **settings** - **gradients**, vous pouvez entrer les don-

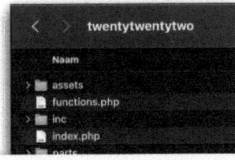

```
"gradients": [
  {
    "slug": "background-foreground",
    "gradient": "linear-gradient(to bottom, var(--wp--preset--color--background) 0%,var(--wp--preset--color--foreground) 100%)",
    "name": "background naar foreground"
  }
]
```

nées suivantes :

Dans la catégorie **styles - elements - link -**

```
},
"elements": {
  "link": {
    "color": {
      "text": "var(--wp--preset--color--foreground)"
    }
  }
}
```

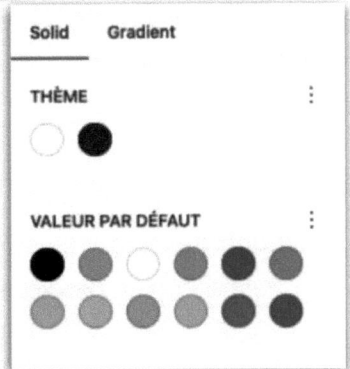

color - text, placez la variable ci-dessous : L'avantage de travailler avec des variables est que vous ne devez adapter qu'un seul code couleur. Il n'est plus nécessaire de placer le code couleur dans différentes catégories.

Plus d'informations : *developer.wordpress.org/block-editor/how-to-guides/themes/theme-json/*

Vous pouvez télécharger le fichier personnalisé ici.

wp-books.com/block-theme
page 98 - theme.json

Theme.json élargir

Le fichier json de **blockthemebasic** comporte un certain nombre de catégories et de sous-catégories. Le fichier Theme.json du thème **twentytwentytwo** contient plus de propriétés.

Allez dans le dossier d'installation de votre site : **nom du site > wp-content > themes > twentytwentytwo** et **ouvrez** le fichier **theme.json**.

La première chose à remarquer est que l'ordre est différent. Le créateur d'un thème peut en décider lui-même.

Sous **settings > color**, vous pouvez voir **duotone** (ligne 37). Il s'agit d'un paramètre supplémentaire de l'éditeur pour les images.

Examinez la structure de construction et placez un style **duotone** dans le fichier theme.json de **blockthemebasic**.

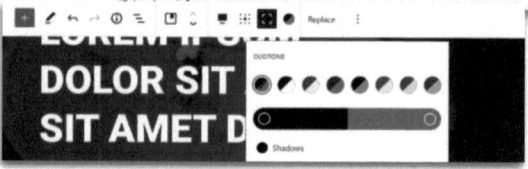

Notez que toutes les catégories et sous-catégories, à l'**exception de la dernière**, sont fermées par une virgule "**,**". Dans le theme.json de **twentytwentytwo** , sous **settings > custom**: (regel 140) **spacing**, **typography** et **line-height**. Ils sont utilisés pour les blocs de style.
Utilisez les mêmes réglages de catégorie dans le fichier theme.json de **blockthemebasic**.

Note : ne pas adopter **spacing** et **line-height**.

```
"custom": {
  "spacing": {
    "small": "max(1.25rem, 5vw)",
    "medium": "clamp(2rem, 8vw, calc(4 * var(--wp--style--block-gap)))",
    "large": "clamp(4rem, 10vw, 8rem)",
    "outer": "var(--wp--custom--spacing--small, 1.25rem)"
  },
  "typography": {
    "font-size": {
      "huge": "clamp(2.25rem, 4vw, 2.75rem)",
      "gigantic": "clamp(2.75rem, 6vw, 3.25rem)",
      "colossal": "clamp(3.25rem, 8vw, 6.25rem)"
    },
    "line-height": {
      "tiny": 1.15,
      "small": 1.2,
      "medium": 1.4,
      "normal": 1.6
    }
  }
},
```

Ensuite, sous **settings > styles > elements** pour les éléments **h1** et **h2**, appliquez les styles. La variable contient les **slugs**.

```
224  "styles": {
225    "blocks": {...},
281    "color": {...},
285    "elements": {
286      "h1": {
287        "typography": {
288          "fontFamily": "var(--wp--preset--font-family--source-serif-pro)",
289          "fontWeight": "300",
290          "lineHeight": "var(--wp--custom--typography--line-height--tiny)",
291          "fontSize": "var(--wp--custom--typography--font-size--colossal)"
292        }
293      },
```

Ces propriétés sont utilisées pour styliser les en-têtes.

Sous **settings > spacing > units** (ligne 160) du theme.json de **twentytwentytwo**, différentes unités de mesure sont utilisées. Cela permet à l'utilisateur de choisir une unité de mesure dans l'éditeur.

```
"spacing": {
  "units": [
    "%",
    "px",
    "em",
    "rem",
    "vh",
    "vw"
  ]
},
```

Copier toutes les unités de mesure dans le fichier json de **blockthemebasic**.

Depuis theme.json (ligne 171), il est également possible d'activer ou de désactiver certaines fonctions. Avec **settings > typography > dropCap - true** ou **false**, la fonction **dropCap** (Lettrine) peut être utilisée.

```
"settings": {
  "appearanceTools": true,
  "color": {=},
  "custom": {=},
  "spacing": {=},
  "typography": {
    "dropCap": false,
    "fontFamilies": [=],
    "fontSizes": [=]
  },
},
```

> L orem ipsum dolor sit ita separantur, ut disi perversius. Hoc sic ex vultum tibi, si incessum fing similis; Cur igitur, cum de re Duo Reges: constructio inter

Sous **styles > blocks** (ligne 225), vous pouvez donner un style globaux à des blocs spécifiques.

```
"styles": {
  "blocks": {
    "core/button": {
      "border": {
        "radius": "0"
      },
      "color": {
        "background": "var(--wp--preset--color--primary)",
        "text": "var(--wp--preset--color--background)"
      },
      "typography": {
        "fontSize": "var(--wp--preset--font-size--medium)"
      }
    },
```

Un sélecteur que vous pouvez utiliser pour les blocs :

"`core/nom_blok`".

Chaque bloc a un nom spécifique.

Copiez le sélecteur "`core/button`" y compris les styles et collez-le dans **styles > blocks** du fichier json de **blockthemebasic**.

La catégorie **blocks** est présente. Ajustez les variables, la couleur d'arrière-plan sera "**foreground**" (blanc), la couleur du texte "**background**" (gris).

Pour voir les personnalisations supplémentaires, placez d'abord quelques **boutons**, **paragraphes** et blocs d'**en-tête** dans une page.

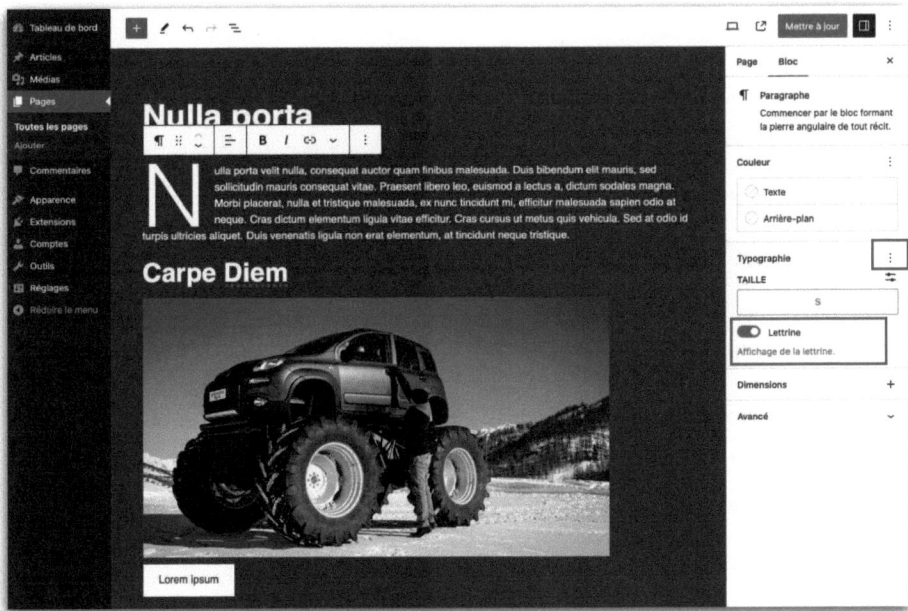

L'examen des fichiers theme.json d'autres thème des blocs vous donnera une meilleure idée de la structure et du style. Plus d'informations : *developer.wordpress.org/block-editor/how-to-guides/themes/theme-json*.

Vous pouvez également télécharger le fichier json personnalisé.

> **wp-books.com/block-theme**
> **page 102 - theme.json**

Catégorie templatesParts

Les catégories **templateParts** et **customTemplates** indiquent, entre autres, de quels fichiers html le thème est constitué.

Le **nom** de la catégorie indique dans quel dossier elle se trouve. L'élément **name** est le nom du fichier html. Avec **title**, vous donnez un nom au composant. L'élément **area** indique l'emplacement du modèles.

```
"templateParts": [
  {
    "name": "header",
    "title": "Header",
    "area": "header"
  },
  {
    "name": "footer",
    "title": "Footer",
    "area": "footer"
  }
],
```

Comme vous pouvez le voir à gauche, **blockthemebasic** utilise deux fichiers templateParts, **header** et **footer**.

```
"templateParts": [
  {
    "name": "header",
    "title": "Header",
    "area": "header"
  },
  {
    "name": "header-large-dark",
    "title": "Header (Dark, large)",
    "area": "header"
  },
  {
    "name": "header-small-dark",
    "title": "Header (Dark, small)",
    "area": "header"
  },
  {
    "name": "footer",
    "title": "Footer",
    "area": "footer"
  }
]
```

Le thème **twentytwentytwo** (à droite) utilise trois en-têtes et un pied de page. Il est donc possible d'utiliser plusieurs templateParts.

Le créateur du thème a déjà inclus quelques exemples dans différents modèles.

L'éditeur de site permet à un utilisateur de composer ou de modifier des modèles. Vous pouvez nommer vous-même les fichiers templateParts.

Catégorie CustomTemplates

Un thème peut être fourni avec customTemplates. Il s'agit d'une page qui diffère d'une page standard. Il peut s'agir d'une page **pleine largeur**, d'une page **avec colonne latérale** ou d'une **page d'accueil**.

Plusieurs custom templates peuvent également inclure un en-tête ou un pied de page différent. Ces fichiers (parties) doivent alors être inclus dans le thème.

Dans la chapitre *Ajouter un modèle*, un custom templates est créé à partir de l'éditeur de site par un utilisateur.

Dans ce cas, un custom templates est créé par un créateur de thème.

Après l'avoir ajouté dans le dossier **templates**, vous pouvez éditer le fichier **theme.json**.

```
"customTemplates": [
  {
    "name": "",
    "title": "",
    "postTypes": [ "post","page" ]
  }
]
```

Dans la catégorie **customTemplates**, vous indiquez le **name** et le **title** à utiliser. Ici aussi, vous pouvez définir vous-même le nom. **postTypes** indique si le custom templates est disponible pour une page, un article ou les deux.

Styliser le menu de navigation mobile

Une fois le thème chargé sur une tablette ou un smartphone, une icône de menu ≡ est visible. Lorsque vous cliquez sur l'icône, un arrière-plan blanc apparaît.

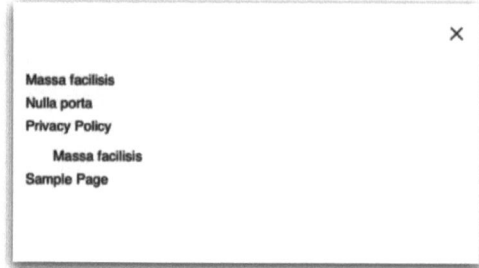

Pour modifier la couleur d'arrière-plan, vous pouvez procéder comme suit :
Dans l'éditeur de site, **sélectionnez** le bloc **Navigation**.

Dans les réglages du bloc, allez dans **Styles > Couleur**.
Sous **Arrière-plan**, sélectionnez la couleur **background**.

Sous-menu et calque de texte, sélectionnez la couleur **foreground**.

Pour augmenter l'espacement des blocs dans le menu de navigation, allez dans **Dimensions** - **Espacement des blocs** et utilisez une valeur de **2px** par exemple.

Cliquez ensuite sur **Enregistrer**.

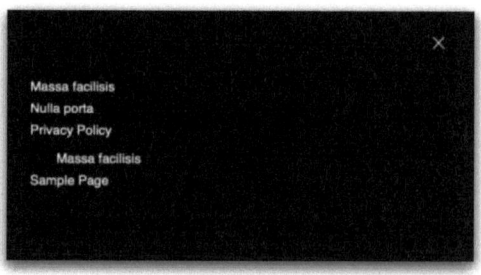

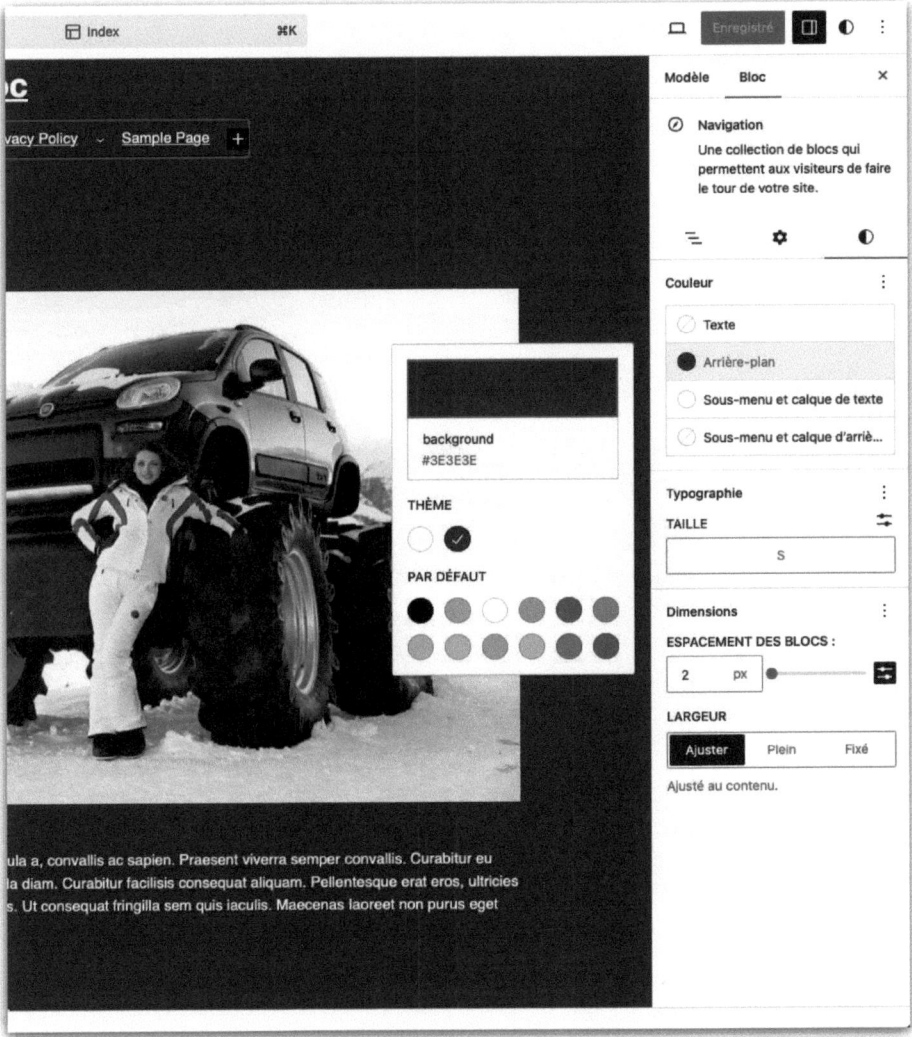

WordPress - Thème des blocs

ÉTENDRE UN THÈME DES BLOCS

Dans le thème **Twenty Twenty-Two**, il y a des fichiers et des dossiers supplémentaires à trouver. De nouveaux dossiers ont été ajoutés, tels que **assets**, **inc** et **styles**, avec leurs fichiers correspondants.

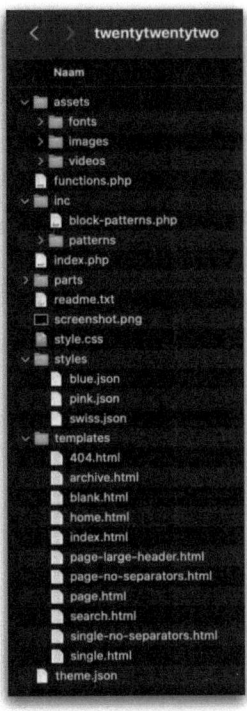

Dans le dossier **templates**, des templates supplémentaires ont été inclus, tels que **search**, **404**, **archive**, **blank** et **home.html**. Ces templates sont conçus pour générer un contenu spécifique. Chaque template a un nom spécifique indiquant son utilisation. Si un template spécifique n'est pas présent, le template **index.html** est utilisé. Les noms des templates sont définis par WordPress.

Les fichiers portant des noms tels que **page-large-header.html** sont des **custom templates**. Vous pouvez choisir le nom de ces templates vous-même.

WordPress utilise une hiérarchie de templates. Cela indique quels templates vous pouvez utiliser dans le système de thème. Cela s'applique aux thèmes classiques et aux thème des blocs.

Les fichiers de modèles classiques se terminent par **.php**, tandis que les fichiers de thème des blocs se terminent par **.html**.

Pour plus d'informations, visitez : *wphierarchy.com*.

Hiérarchie des thèmes

wphierarchy.com

Aperçu des fichiers du thème :

Fichier	Description
index.html	Affiche les articles ou une page
home.html	Affiche les articles sur la page d'accueil ou sur une page d'accueil statique sélectionnée.
front-page.html	Affiche une page d'accueil.
singular.html	Affiche l'intégralité d'un article ou d'une page.
single.html	Affiche l'intégralité d'un article ou d'une page.
page.html	Affiche une page.
archive.html	Affiche les catégories, les étiquettes et les archives.
author.html	Affiche les derniers articles d'un auteur.

Fichier	Description
category.html	Affiche les derniers articles d'une catégorie.
taxonomy.html	Affiche les derniers articles d'un type d'article personnalisé.
date.html	Affiche les éléments à partir d'une date spécifique.
tag.html	Affiche les derniers articles d'un tag.
media.html	Affiche les éléments multimédias ou les pièces jointes.
search.html	Affiche les résultats de la recherche.
privacy-policy.html	Affiche une page de politique de confidentialité.
404.html	Affiche un message si aucun contenu n'est trouvé.

Ajouter des modèles supplémentaires

Dans le thème *blockthemebasic*, trois modèles sont disponibles pour la génération de contenu à savoir **index**, **single** et **page.html**. Nous allons étendre ce thème avec des modèles supplémentaires, **404**-, **archive**-, **search**- et **privacy-policy.html**.

Étapes :
1. Allez dans le **dossier d'installation** de WordPress (webhost ou local).
2. Allez ensuite dans **wp-content/themes/blockthemebasic/templates**.
3. Faites quatre copies de **page.html**.
4. Renommez-le en **404**-, **search**-, **archive**- et **privacy-policy.html**.
5. Allez dans **Tableau de bord > Apparence > Editeur > Modèles** et modifiez les modèles.

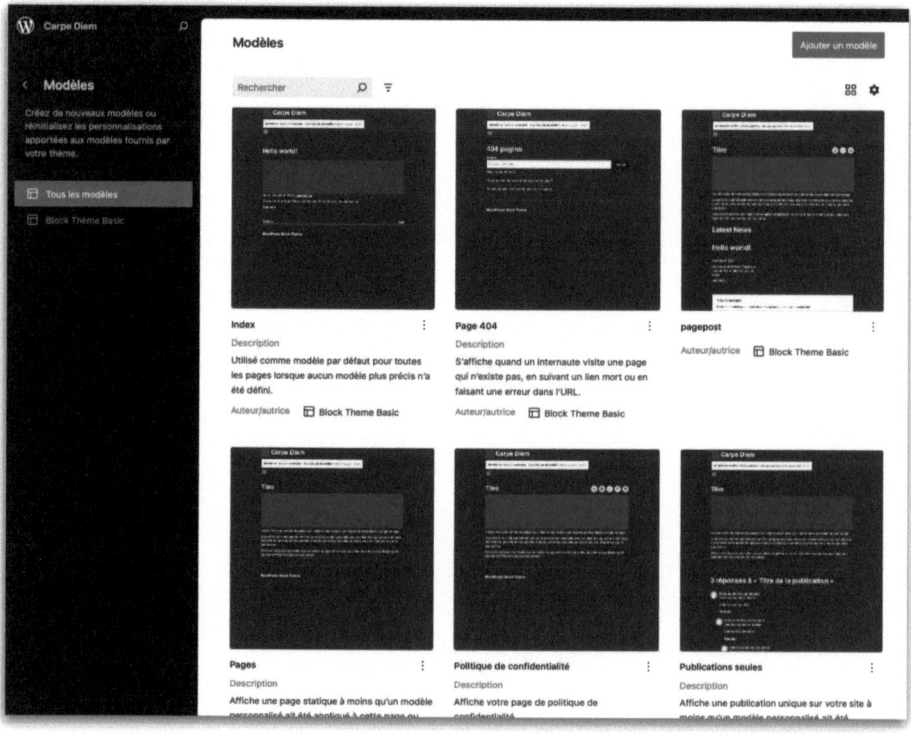

404- et search.html

Un modèle 404 est appliqué lorsqu'une page n'est pas trouvée. Search.html est utilisé pour afficher les résultats de la recherche.

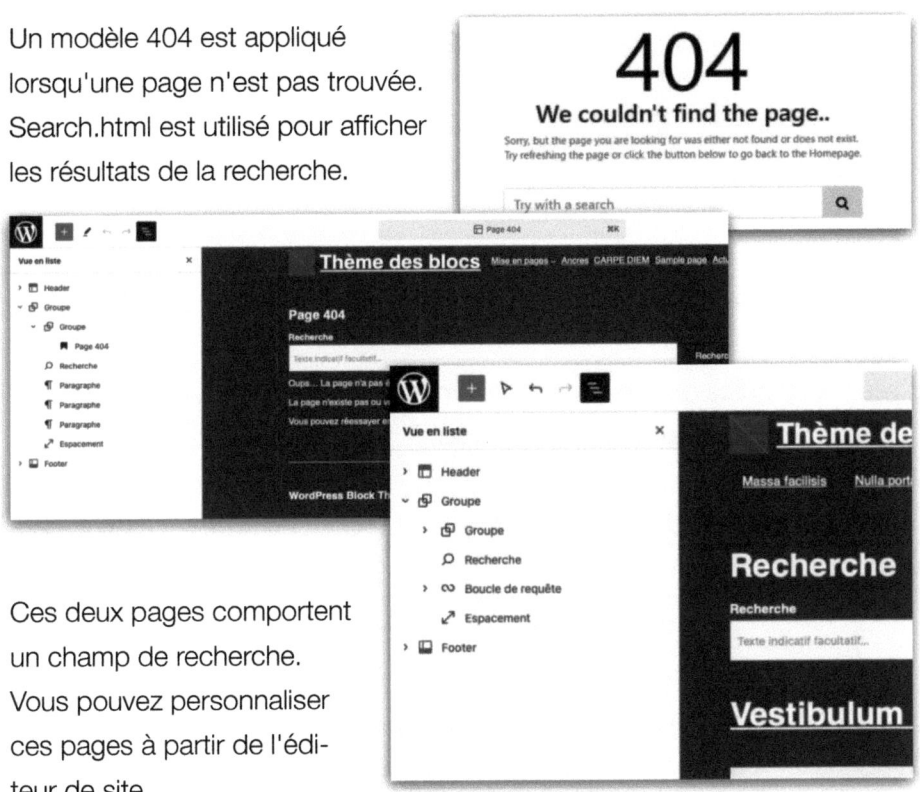

Ces deux pages comportent un champ de recherche. Vous pouvez personnaliser ces pages à partir de l'éditeur de site.

Dans le bloc **Groupe**, supprimez tous les blocs à l'exception du bloc **Espacement**.

404 : Placez les blocs **Titre**, **Recherche** et **Paragraphe**.
Recherche : Placez les blocs **Titre**, **Recherche** et **Boucle de requête**.
Réglages du bloc **Boucle de requête** - **Hériter la requête à partir du modèle**.

Cliquez ensuite sur le bouton **Enregistrer**.

Archive.html

Un modèle d'archive affiche les derniers messages d'une catégorie. Cela se produit après avoir sélectionné une catégorie à partir d'un lien ou d'une liste de catégories (à l'aide du bloc de catégories).

L'idée est de lier un message à une catégorie. Par défaut, il est lié à la catégorie **Uncategorized**.

Créez deux posts supplémentaires avant de personnaliser le modèle. **Ouvrez** le modèle **Toutes les archives** dans l'éditeur de site. Tous les modèles ne sont pas mis à jour automatiquement. Dans ce cas, l'ensemble de la mise en page de page.html est repris. Cliquez sur **Vue en liste** pour afficher la structure.

Personnaliser le modèle

1. Supprimez tous les blocs du bloc **Groupe**.
2. Dans le bloc **Groupe**, placez le bloc **Boucle de requête**.
3. Choisissez un modèle par défaut - **3 colonnes**.
4. Pour des raisons d'alignement, déplacez le contenu du groupe imbriqué vers le groupe principal.
5. Supprimez le bloc Groupe imbriqué.
6. Au bas du texte du lien, placez **Lire la suite...** .
7. Cliquez ensuite sur le bouton **Enregistrer**.

Si vous souhaitez ajouter le bloc **d'images de présentation** du message au modèle, vous pouvez l'ajouter sous le bloc **du nombre de messages**.

WordPress - Thème des blocs

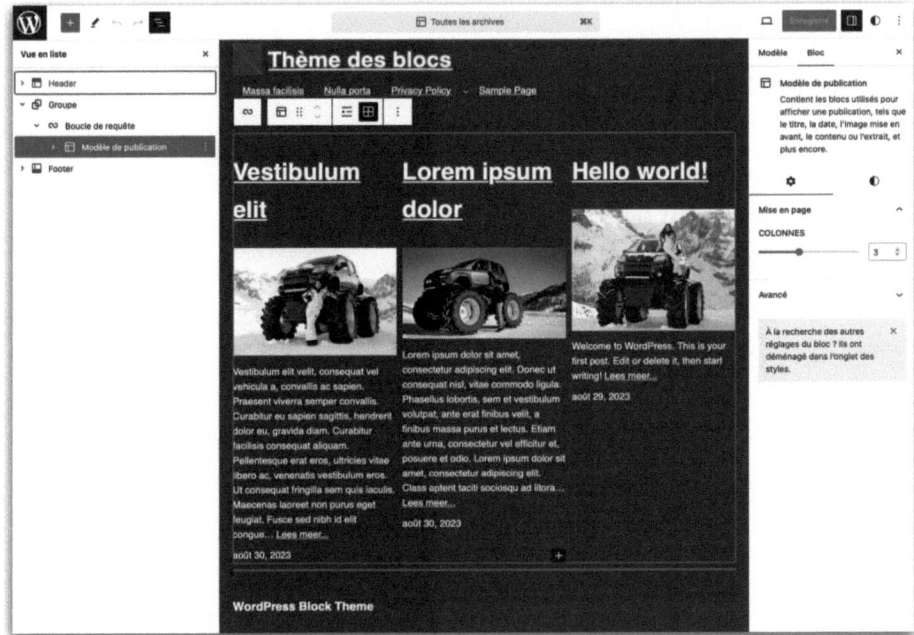

Voir le site. Depuis la page d'accueil, cliquez sur le lien d'une catégorie pour afficher la page.

Privacy-policy.html

Le modèle **Privacy-policy** affiche une page contenant la politique de confidentialité. Le modèle s'applique lorsque le **permalien** d'une page contient le nom **privacy-policy**. Le titre de la page peut être différent du permalien.

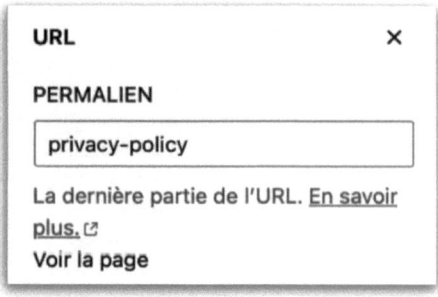

Une installation standard de WordPress comprend généralement une page de politique de confidentialité. Si ce n'est pas le cas, vous pouvez créer une nouvelle page.

Ouvrez le modèle **Politique de confidentialité** dans l'éditeur de site. Comme vous pouvez le voir, tout le formatage a été repris de **page.html**.

Pour garantir l'application du modèle, un bloc supplémentaire est placé sous le titre.

1. Sélectionnez le bloc **Titre du message**.
2. En dessous, placez le bloc **Icônes de réseaux sociaux**.
3. Au-dessus du **titre**, placez le bloc **Colonnes** 50/50.
4. Faites glisser le **titre** dans la partie gauche, le bloc **Icônes de réseaux sociaux** dans la partie droite.
5. Ajustez ensuite certaines propriétés du bloc en ce qui concerne l'alignement.
6. Cliquez sur le bouton **Enregistrer**.

Consultez le site.

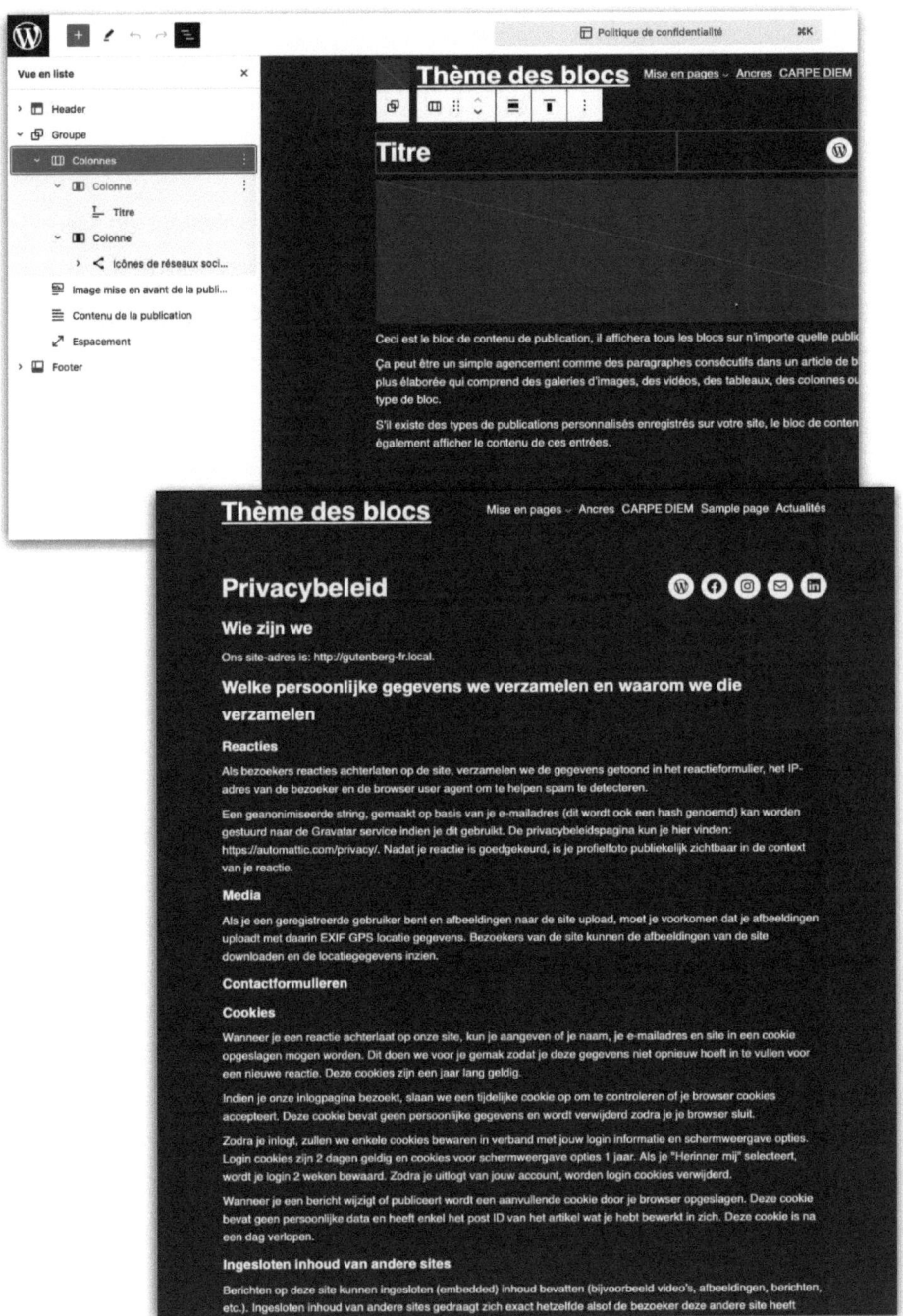

Ajouter un modèle personnalisé

Dans ce chapitre, vous allez ajouter un modèle personnalisé au thème. Vous n'avez pas besoin de taper le code vous-même.

Vous avez déjà créé un modèle personnalisé à l'aide de l'éditeur de site, voir le chapitre Ajouter un modèle. Dans ce chapitre, vous allez créer un modèle personnalisé manuellement. Vous pouvez également les télécharger et les visualiser.

> **wp-books.com/block-theme**
> **page 117 - custom_template**

Étapes :

1. Faites une copie de **page.html**.
2. Renommez-le en **pagepost.html**.
3. Ouvrez **theme.json**.
4. Dans **customTemplates**, copiez les données (voir l'image à droite).
5. Allez dans l'éditeur de site et modifiez le modèle **pagepost.html**.

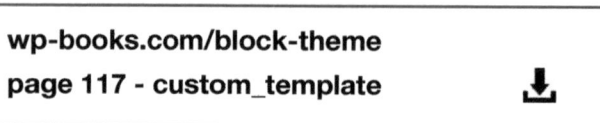

```
"customTemplates": [
  {
    "name": "pagepost",
    "title": "Page and Post",
    "postTypes": [ "post","page" ]
  }
]
```

Comme le nom du fichier l'indique, le modèle est utilisé pour fournir une **page** avec un certain nombre d'**articles** récents.

Une fois le modèle ouvert, commencez à personnaliser certaines parties.

Utilisez la **vue en liste**. Cela vous montrera la structure et les blocs. Ajoutez les **colonnes** de blocs 70/30. Placez le **titre** dans la colonne de gauche et le bloc des **Icônes de réseaux sociaux** dans la colonne de droite.

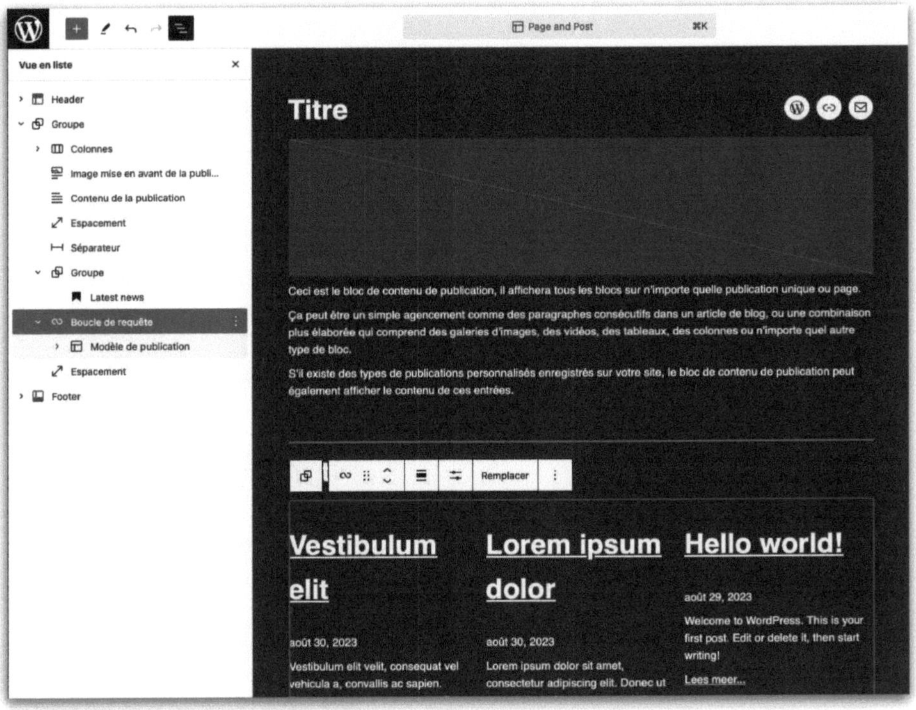

Sous le bloc de **Contenu de la publication**, vous placez un certain nombre de blocs : **Séparateur**, **Titre** et **Boucle de requête**.

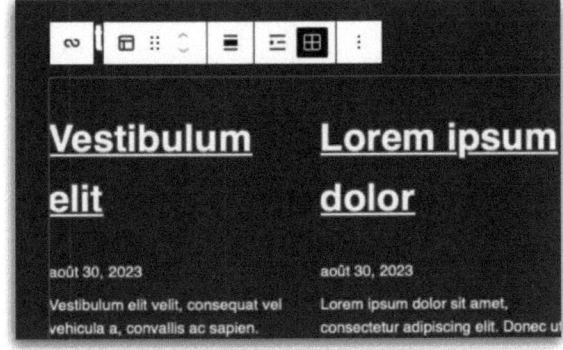

Sélectionnez le bloc **Modèle de publication** et choisissez **Vue en grille**.

Sous le bloc **Extrait**, placez le texte du lien **En savoir plus...** .

Si vous souhaitez ajouter le bloc de **Image mise en avant de la publication** au modèle, ajoutez-le sous le bloc du **Titre**.

Cliquez ensuite sur le bouton **Enregistrer**.

Les modifications ne sont pas stockées dans le fichier **pagepost.html** mais dans une mémoire temporaire. Cela permet de réinitialiser une page. Après une réinitialisation, vous obtenez toujours la structure d'origine.

Lors de l'**exportation** du thème, les modifications peuvent être trouvées dans les fichiers html. Comme le thème n'est pas encore tout à fait prêt, nous l'implémenterons plus tard.

Appliquer un modèle personnalisé

Allez dans **Tableau de bord > Pages > Ajouter**.

Donnez un **titre** et un **contenu** à votre page.

Sous réglages de la page, choisissez le modèle **Page and Post**.

Cliquez ensuite sur le bouton **Enregistrer**.

Incluez la page dans le **menu de navigation** et affichez le site web.

Thème de bloc

Massa facilisis   Nulla porta   Privacy Policy ⌄   Sample Page

Custom template

Nulla ac massa facilisis, fermentum mauris et, molestie nibh. In et metus eleifend, pharetra elit nec, maximus libero. Nulla egestas vehicula justo, a elementum nunc hendrerit nec. Curabitur erat est, sagittis a massa tristique, tempor euismod nisl. Quisque iaculis aliquam dolor in placerat. Etiam vulputate, eros vel feugiat sollicitudin, odio magna pretium est, ut viverra nisl ligula eu erat. Etiam tempus posuere quam at tempus.

Latest news

Vestibulum elit

août 30, 2023

Vestibulum elit velit, consequat vel vehicula a, convallis ac sapien. Praesent viverra semper convallis. Curabitur eu sapien sagittis, hendrerit dolor eu, gravida diam. Curabitur facilisis consequat aliquam. Pellentesque erat eros, ultricies vitae libero ac, venenatis vestibulum eros. Ut consequat fringilla sem quis iaculis. Maecenas laoreet non purus eget feugiat. Fusce sed nibh id elit congue…

En savoir plus…

Lorem ipsum dolor

août 30, 2023

Lorem ipsum dolor sit amet, consectetur adipiscing elit. Donec consequat nisl, vitae commodo ligula. Phasellus lobortis, sem et vestibulum volutpat, ante erat finibus velit, a finibus massa purus et lectus. Etiam ante urna, consectetur vel efficitur et, posuere et odio. Lorem ipsum dolor sit amet, consectetur adipiscing elit. Class aptent taciti sociosqu ad litora…

En savoir plus…

Hello world!

août 29, 2023

Welcome to WordPress. This is your first post. Edit or delete it, then start writing!

En savoir plus…

WordPress Block Theme

WordPress - Thème des blocs

FONCTIONS

Ajouter des fonctionnalités à un thème peut être fait à l'aide de plugins. Pour éviter d'encombrer l'utilisateur, il est judicieux de les intégrer dans le thème. Cela permet notamment de doter le thème d'un identifiant de suivi, de polices de caractères exotiques ou d'un autre menu adaptatif.

L'ajout de fonctionnalités peut sembler complexe, mais il s'agit simplement d'ajouter du code à un thème. Une grande partie de ce code est disponible et peut être trouvé sur l'internet. En utilisant les bons mots-clés, vous pouvez rapidement trouver le code dont vous avez besoin. Par exemple : *WordPress + Block theme + functions.php + Code Google Analytics*. Les mots-clés en anglais donnent généralement plus de résultats.

Le fichier dans lequel vous pouvez ajouter du code est **functions.php**. Ce fichier fait partie intégrante des thèmes classiques et des thème des blocs. Un utilisateur peut toujours installer des plugins si nécessaire.

Une modification courante consiste à incorporer du JavaScript dans un site web. Cela permet, par exemple, d'ajouter un code de suivi Google Analytics au thème.

Le script est inséré dans functions.php. Le résultat final est que le code d'identifiant de suivi est généré dans l'en-tête ou le pied de page du site.

Le fichier modifié peut également être téléchargé.

> wp-books.com/block-theme
> page 122 - functions.

Google analytics

Après vous être inscrit auprès de Google, vous aurez accès à un code de suivi.

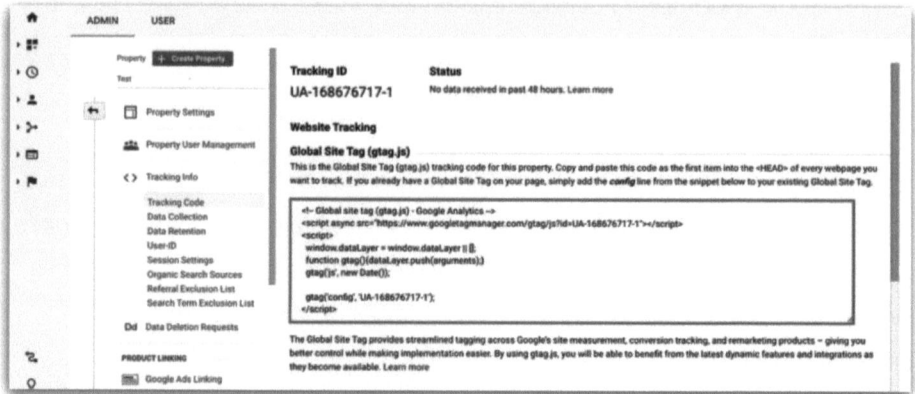

Comme indiqué, le **Global Site Tag** (gtag.js) avec Trackings ID peut être inclus dans la balise <HEAD> d'une page web.

Ouvrez le fichier **functions.php**.
Allez à la dernière ligne, appuyez sur Entrée et ajoutez le code ci-dessous.

```
// Google analytics
<?php
add_action('wp_head','my_analytics');
function add_googleanalytics() { ?>
// Paste your Google Analytics code here
<?php }
?>
```

Avec `wp_head` , le code est inclus dans l'en-tête d'une page web.
Pour le code dans le pied de page, utilisez `wp_footer`.

Allez sur **Google** et **copiez** l'intégralité du script, **Global Site Tag**.

Allez dans functions.php et sélectionnez :
`//Paste your Google Analytics code here.`
Collez le script.

```
24
25  // Google analytics
26  add_action('wp_head','my_analytics');
27  function my_analytics() {
28  ?>
29  <!-- Global site tag (gtag.js) - Google Analytics -->
30  <script async src="https://www.googletagmanager.com/gtag/js?id=AB-12345678-12"></script>
31  <script>
32    window.dataLayer = window.dataLayer || [];
33    function gtag(){dataLayer.push(arguments);}
34    gtag('js', new Date());
35    gtag('config', 'AB-12345678-12');
36  </script>
37  <?php
38  }
39
```

Voici le résultat final.

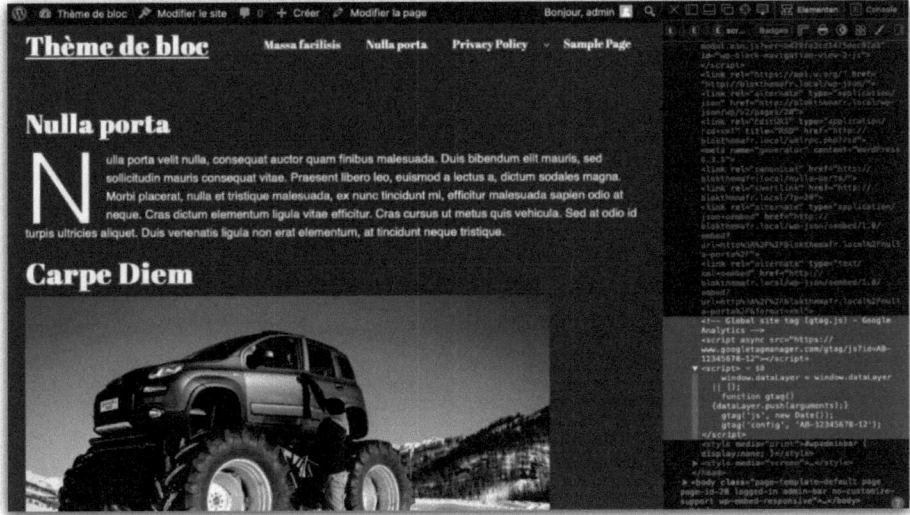

Voir le site. À l'écran, cliquez avec le bouton droit de la souris et sélectionnez **Inspecter**. Comme vous pouvez le voir, le code Tracking ID est inclus dans la balise `<head>`.

Google fonts

Le thème blockthemebasic utilise une police sûre pour le web.
Il s'agit de polices telles que Arial, Verdana, Helvetica, etc. En d'autres termes, des polices que l'on peut trouver sur n'importe quel ordinateur. Cela permet de s'assurer qu'un site web utilise la bonne police.

Si vous souhaitez utiliser une police exotique, utilisez Google Fonts. Allez sur *fonts.google.com* et choisissez une police. Dans cet exemple, la police **Abril Fatface** a été choisie.

Après avoir trouvé la police, cliquez sur l'icône + pour obtenir plus d'informations. Ensuite, dans la colonne de droite, vous verrez le code pour inclure le script dans un document HTML ou CSS.

Pour un thème des blocs WordPress, l'URL est importante.

Functions.php

Ouvrez le fichier functions.php et insérez le code ci-dessous.

```php
// Define fonts
function google_fonts() {
    wp_enqueue_style( 'google-fonts', 'fonts.google_url_here', false );
}
add_action( 'wp_enqueue_scripts', 'google_fonts' );
```

Allez sur fonts.google et copiez l'URL de la police sélectionnée :
`https://fonts.googleapis.com/css2?family=Abril+Fatface&display=swap`

Allez dans functions.php, sélectionnez fonts.google_url_here et collez l'URL. Le code complet ressemble à ceci :

```php
// Define fonts
function google_fonts() {
    wp_enqueue_style( 'google-fonts', 'https://fonts.googleapis.com/css2?family=Abril+Fatface&display=swap', false );
}
add_action( 'wp_enqueue_scripts', 'google_fonts' );
```

Un lien vers la police Google est inclus dans le site.

L'étape suivante requiert le fichier theme.json.
Il spécifie les éléments et les blocs qui utilisent la police.

Theme.json

Ouvrez le fichier theme.json.

Sous **settings > typography**, ajoutez une nouvelle fontFamily.

```
"settings": {
  "appearanceTools": true,
  "color": {■},
  "spacing": {■},
  "layout": {■},
  "typography": {
    "lineHeight": true,
    "fontFamilies": [{
        "fontFamily": "Sans-serif, Geneva",
        "name": "Sans-serif, Geneva",
        "slug": "sans-serif"
      },
      {
        "fontFamily": "Cambria, Georgia, serif",
        "name": "cambria-georgia",
        "slug": "cambria-georgia"
      },
      {
        "fontFamily": "\"Abril Fatface\", sans-serif",
        "name": "Abril Fatface",
        "slug": "abril-fatface"
      }
    ],
```

Dans fontFamily, une police Google est entourée d'une barre oblique inverse et d'un guillemet : `\"Abril Fatface\"`.

Sous **styles > éléments** - h1 à h3 avec typographie - ajouter fontFamily et fontSize.

```
"elements": {
  "link": {
    "color": {
      "text": "var(--wp--preset--color--foreground)"
    }
  },
  "h1": {
    "typography": {
      "fontFamily": "var(--wp--preset--font-family--abril-fatface)",
      "fontSize": "var(--wp--custom--typography--font-size--colossal)"
    }
  },
  "h2": {
    "typography": {
      "fontFamily": "var(--wp--preset--font-family--abril-fatface)",
      "fontSize": "var(--wp--custom--typography--font-size--gigantic)"
    }
  },
  "h3": {
    "typography": {
      "fontFamily": "var(--wp--preset--font-family--abril-fatface)",
      "fontSize": "var(--wp--custom--typography--font-size--huge)"
    }
  }
},
"blocks": {
  "core/button": {
    "border": {
      "radius": "0"
    },
    "color": {
      "background": "var(--wp--preset--color--foreground)",
      "text": "var(--wp--preset--color--background)"
    }
  },
  "core/social-link": {
    "color": {
      "text": "var(--wp--preset--color--background)",
      "background": "var(--wp--preset--color--foreground)"
    }
  },
}
```

Dans **fontFamily**, un slug indique que la police **Abril Fatface** est utilisée.

FontSize a déjà été défini précédemment dans les paramètres.

Ajoutez **core/navigation** avec **typography** et **fontFamily** sous **styles > blocks**.

```
"styles": {
  "spacing":{=},
  "color": {=},
  "typography": {=},
  "elements": {=},
  "blocks": {
    "core/button": {
      "border": {
        "radius": "0"
      },
      "color": {
        "background": "var(--wp--preset--color--foreground)",
        "text": "var(--wp--preset--color--background)"
      }
    },
    "core/social-link": {
      "color": {
        "text": "var(--wp--preset--color--background)",
        "background": "var(--wp--preset--color--foreground)"
      }
    },
    "core/navigation": {
      "typography": {
        "fontFamily": "var(--wp--preset--font-family--abril-fatface)"
      }
    }
  }
},
```

Sous **typographie**, **fontSize** n'est pas utilisé.

Fichier Enregistrer et afficher.

Comme vous pouvez le voir, les éléments **H1** à **H3** et le bloc de **navigation** utilisent la police Google **Abril Fatface**.

Menu responsive

Un thème à blocs convient à tous les écrans. Lorsque le site web est chargé sur un écran plus étroit que la largeur du thème, tous les blocs sont affichés les uns en dessous des autres.

Le bloc **Navigation** s'adapte également. Une icône de menu ≡ est affichée. Lorsque l'on clique sur l'icône du menu, tous les éléments du menu deviennent visibles et la page située derrière le menu est masquée. Dans l'éditeur de site, vous pouvez personnaliser un certain nombre de propriétés.

Si vous souhaitez une présentation et un affichage complètement différents, vous pouvez les modifier à l'aide du fichier **functions.php**.

Avant de commencer, il faut doter le menu d'un sous-menu.

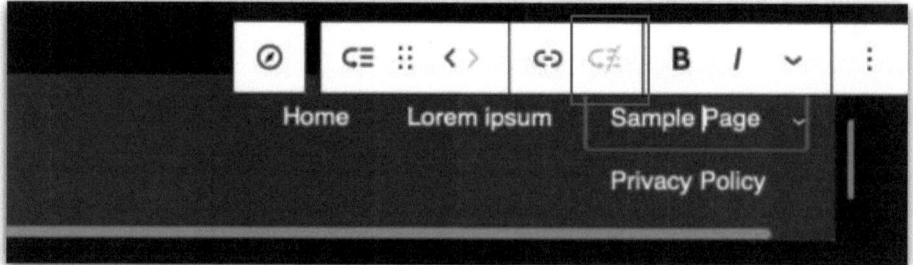

Sélectionnez un élément de menu, voir exemple. Cliquez sur l'icône **Sous-menu**. Sélectionnez par exemple la page *Politique de confidentialité*.

Vous pouvez également télécharger le fichier modifié.

> **wp-books.com/block-theme**
> **page 132 - functions**.

Étape 1

Dans l'éditeur de site, cliquez sur **Compositions > En-tête**.
Après le bloc **Navigation**, ajoutez le bloc **HTML personnalisé**.
Dans le bloc, placez le code HTML ci-dessous :

```
<div class="burger">
  <div class="line1"></div>
  <div class="line2"></div>
  <div class="line3"></div>
</div>
```

Il s'agit de générer un menu hamburger.

Vous pouvez maintenant enregistrer le modèle d'en-tête d'élément.

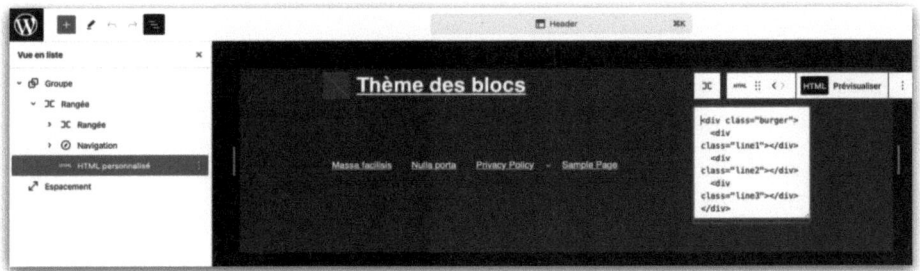

Voici le résultat.

Ajoutez ensuite des fonctionnalités supplémentaires et du code CSS.

Étape 2

Ouvrez le fichier **functions.php** et ajoutez le code ci-dessous.

```php
// menu js function en script
add_action('wp_footer','my_menu');
function my_menu() {
?>

<script>
const navSlide = () => {
  const burger = document.querySelector(".burger");
  const nav = document.querySelector(".wp-block-navigation__container");
  const navLinks = document.querySelectorAll(".wp-block-navigation__container a");

  burger.addEventListener("click", () => {
    nav.classList.toggle("nav-active");

    navLinks.forEach((link, index) => {
      if (link.style.animation) {
        link.style.animation = "";
      } else {
        link.style.animation = `navLinkFade 0.5s ease forwards ${
          index / 7 + 0.5
        }s `;
      }
    });
    burger.classList.toggle("toggle");
  });
  //
};

navSlide();
</script>
<?php
}
```

Le code se compose de deux parties. La première partie est une fonction. La seconde partie est le script. Celui-ci s'occupe du fonctionnement du menu et du **menu-toggle**.

Le script provient de :
https://codepen.io/alvarotrigo/pen/KKQzbvJ en is daarna aangepast.

Étape 3

Ouvrez le fichier style.css et ajoutez le code ci-dessous.

```css
.wp-block-navigation__container {
    display: flex;
}
.wp-block-navigation__container a{
    display: block;
}
.wp-block-navigation:not(.has-background) .wp-block-navigation__submenu-container {
    color: #333;
}
.burger{
    display: none;
}
.burger div{
    width: 25px;
    height: 3px;
    background: #fff;
    margin: 5px;
    transition:all 0.5s ease;
}
@media only screen and (max-width: 760px){
    .wp-block-navigation__container{
        position: fixed;
        right: 0;
        top:0;
        height:100%;
        background: #333;
        display: flex;
        flex-direction: column;
        align-items: center;
        width: 100%;
        transform: translateX(100%);
        transition:All 0.5s ease-in;
    }
    .wp-block-navigation__container a{
        opacity: 0;
    }
    nav .wp-block-navigation__container{
        padding-top: 50px;
    }
    .wp-block-navigation__container button{
        opacity: 1;
    }
    .burger{
        display: block;
    }
}
.nav-active{
    transform: translateX(0);
}
@keyframes navLinkFade{
    from{
        opacity: 0;
        transform: translateX(50px);
    }
    to{
        opacity: 1;
        transform: translateX(0);
    }
}
.toggle .line1{
    transform: rotate(-45deg) translate(-5px,6px );
}
.toggle .line2{
    opacity: 0;
}
.toggle .line3{
    transform: rotate(45deg) translate(-5px,-6px );
}
```

Ici, le menu est doté de quelques fonctionnalités supplémentaires.

Enregistrer tous les fichiers et consulter le site.

Étape 4

Allez dans l'éditeur de site pour modifier l'en-tête. **Sélectionnez** le bloc **Navigation**. Adoptez les réglages ci-dessous pour désactiver l'option par défaut pour désactiver le menu superposé par défaut.
Voir **Options du bloc > Afficher - Menu Superpose - Désactivé**.

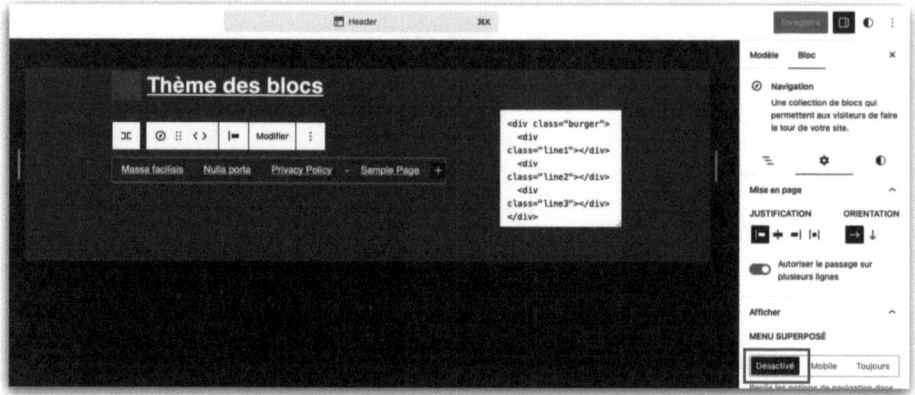

Cliquez ensuite sur **Enregistrer**. Pour visualiser le mode responsive, vous pouvez utiliser le navigateur **Google Chrome**. Une fois le site chargé, allez dans **Menu > View > Developer > Developer Tools**.

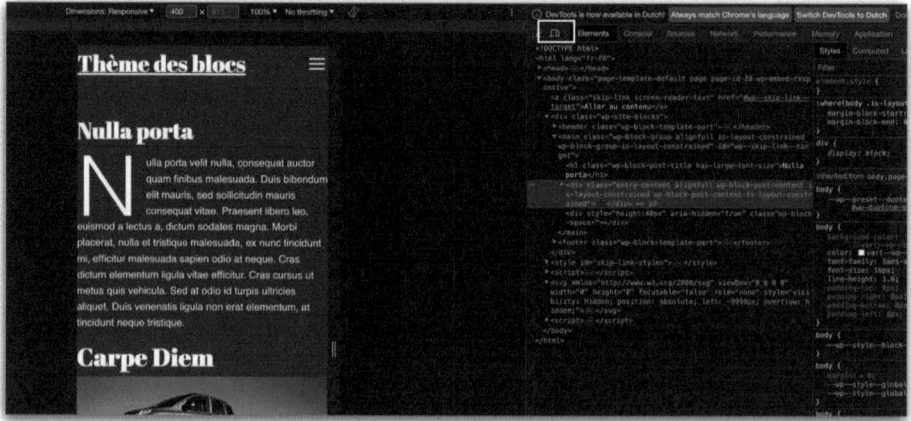

Le bouton **Toggle device toolbar**, phone/tablet icon vous permet d'afficher le résultat.

Si vous souhaitez une présentation différente, recherchez sur Google "responsive menu". Il existe de nombreux scripts et exemples sur l'internet.

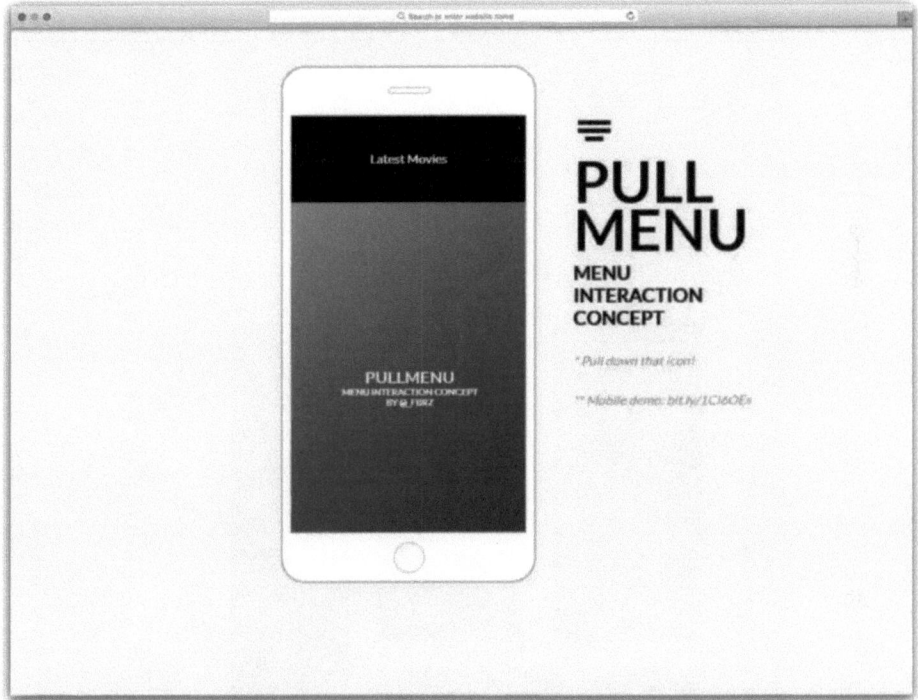

Pour intégrer un menu responsive dans un thème des blocs, il est utile d'avoir des connaissances en HTML et en CSS. Vous pouvez également utiliser un plugin de menu réactif.

WordPress - Thème des blocs

CRÉER UN COMPOSTION

Un thème des blocs définit l'aspect et la convivialité d'un site web. Il définit, entre autres, les dimensions, les styles de blocs et les palettes de couleurs. La plupart des thèmes comprennent des compositions. Celles-ci complètent un thème avec différentes mises en page. Les compositions rendent un thème intéressant, lisible et contribuent à sa conception.

Après avoir inséré une composition, l'utilisateur n'a plus besoin de créer des pages lui-même. Les exemples de textes et d'images peuvent être remplacés rapidement et facilement sans perturber la mise en page.

Les compositions consistent en des blocs de mise en page créés spécifiquement pour les pages, les articles et les sections du thème. Il s'agit notamment de mises en page, de mises en colonnes, de blocs d'appel à l'action et de divers en-têtes et pieds de page.

Dans ce chapitre, vous allez ajouter une composition au thème **block theme basic**. Avant cela, nous vous conseillons de commencer par visualiser un modèle. Ci-dessous, vous pouvez voir le modèle.

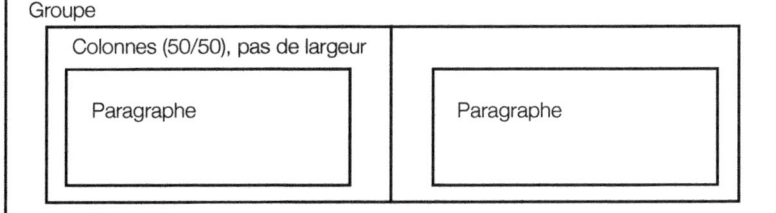

Composition dans un thème

Comme vous pouvez le voir sur la page précédente, nous allons placer une **bannière**. En dessous, un **groupe** avec des **colonnes**. Les colonnes de **gauche** et de **droite** contiennent un **paragraphe**. Remarque ! Utilisez un **éditeur de page** - et **non** un **éditeur de site** - pour composer cette page. La **bannière** est **pleine largeur**, sous **Options du bloc > réglages des médias**, un **Arrière-plan fixe** a été sélectionné. La **hauteur de la bannière** est de **295 px**.

L'image provient de la médiathèque.

Le bloc **Groupe** a une **Pleine largeur**.
Le bloc **Colonnes** n'a **Pas de largeur** (Aucun).

Allez ensuite dans **Options** (trois points, colonne de droite). Cliquez sur **Éditeur de code** et **copiez** le code.

Ouvrez un éditeur de code, **Atom**. Créez un **nouveau** fichier et **collez** le code dans celui-ci. Placez un code d'identification <?PHP ... ?> en haut.

```php
<?php
/**
 * Title: Parallax block
 * Slug: blockthemebasic/parallaxblock
 * Block types: core/post-content
 * Categories: featured, text
 */
?>

<!-- wp:cover {"url":"<?php echo esc_url( get_template_dire
panda.jpg","id":127,"hasParallax":true,"dimRatio":0,"minHei
<div class="wp-block-cover alignfull is-light has-parallax"
panda.jpg);min-height:295px"><span aria-hidden="true" class
container"><!-- wp:paragraph {"align":"center","placeholder
<p class="has-text-align-center has-large-font-size"></p>
<!-- /wp:paragraph --></div></div>
<!-- /wp:cover -->

<!-- wp:group {"align":"wide","backgroundColor":"gray","cla
<div class="wp-block-group alignwide eplus-G3scWo has-gray-
<div class="wp-block-columns eplus-xqjuA4"><!-- wp:column
<div class="wp-block-column eplus-a3GIv3"><!-- wp:paragraph
<p class="eplus-908vzX">Lorem ipsum dolor sit amet, consect
scelerisque diam luctus gravida. Morbi elementum varius aug
Sed mollis quam et leo convallis, non semper erat commodo.
<!-- /wp:paragraph --></div>
<!-- /wp:column -->

<!-- wp:column {"className":"eplus-FOek6S"} -->
<div class="wp-block-column eplus-FOek6S"><!-- wp:paragraph
<p class="eplus-VUJxzd">Curabitur et nisl ac turpis malesua
semper, condimentum nisl ac, pretium elit. Ut scelerisque v
quam.</p>
<!-- /wp:paragraph --></div>
<!-- /wp:column --></div>
<!-- /wp:columns --></div>
<!-- /wp:group -->
```

A * **Catégories :** il est indiqué sous quelle catégorie se trouve le composition à savoir **featured** et **text**.

Enregistrez le fichier sous le nom de **parallaxblock.php** et placez-le dans un nouveau dossier nommé **patterns** dans le dossier du thème.

Si vous souhaitez rendre le thème accessible à un public plus large, vous pouvez modifier le fichier PHP. En effet, l'image d'exemple provient de la bibliothèque multimédia. Une fois que l'utilisateur a téléchargé et installé le thème, il ne dispose pas de l'image correspondante. Il est donc recommandé d'inclure l'image dans le thème.

Dans le dossier du thème, **placez** un **dossier** appelé **assets**. Dans ce dossier, créez un dossier appelé images. Dans le dossier images, placez l'image d'exemple, par exemple panda.jpg.

Ouvrez **parallaxblock.php**. Modifiez les lignes 10.

```
10   <!-- wp:cover {"url":"http://blokthemafr.local/wp-content/uploads/2023/08/fiat-
     1.jpg","id":9,"hasParallax":true,"dimRatio":0,"minHeight":295,"minHeightUnit":"
11   <div class="wp-block-cover alignfull has-parallax" style="min-height:295px"><sp
     has-background-dim"></span><div role="img" class="wp-block-cover__image-backgro
     image:url(http://blokthemafr.local/wp-content/uploads/2023/08/fiat-panda-monste
     wp:paragraph {"align":"center","placeholder":"Rédigez le titre…","fontSize":"la
12   <p class="has-text-align-center has-large-font-size"></p>
13   <!-- /wp:paragraph --></div></div>
14   <!-- /wp:cover -->
```

Vous y trouverez une référence à une image d'arrière-plan dans la bibliothèque des médias.

Cherchez l'**url** d'une image, par exemple :
http://blocktheme.local/wp-content/uploads/2024/07/image.jpg

Remplacer par :
```php
<?php echo esc_url( get_template_directory_uri() ); ?>
/assets/images/panda.jpg
```

Le code php **<?php echo esc_url ... ?>** génère une url du répertoire du modèle suivie d'une barre oblique **/** avec une référence au fichier.

Enregistrer le fichier.

Allez dans **Tableau de bord > Pages > Ajouter**.
Vérifiez si le **composition** est intégré au thème.

Parallax pattern peut être trouvé dans les catégories **Mis avant** et **Texte**.

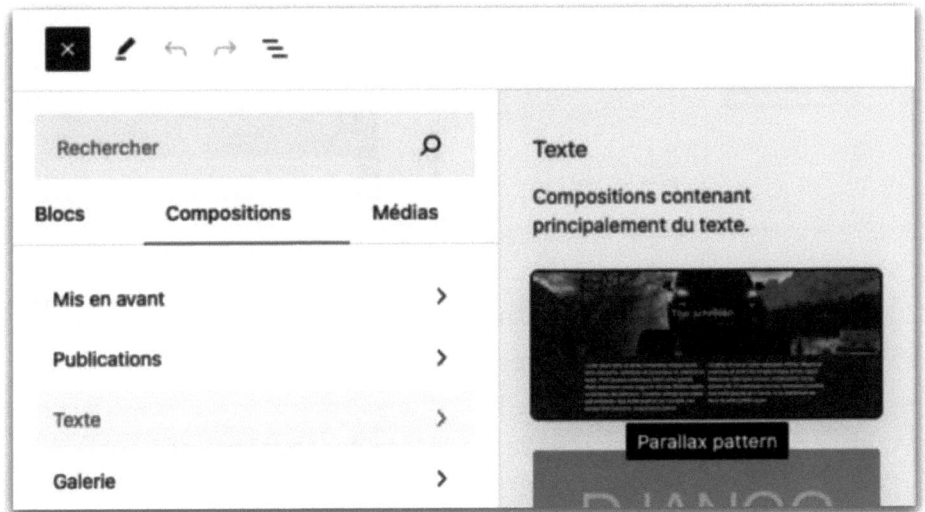

Composition dans theme.json

Les compositions peuvent également être incluses dans le fichier **theme.json**. Il n'est pas nécessaire de créer une composition. Dans ce cas, nous utilisons une mise en page de **wordpress.org/patterns**. Allez sur le site web et sélectionnez un **composition**.

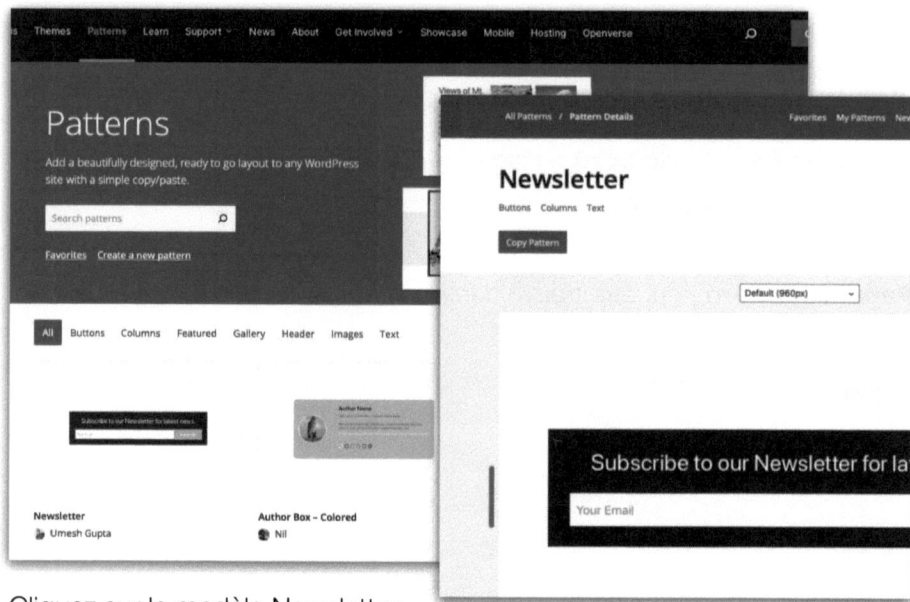

Cliquez sur le modèle Newsletter.

En haut de l'écran, le nom et les catégories (boutons, colonnes et texte) sont affichés. Dans la barre d'adresse de votre navigateur, l'URL complète (slug) est affichée :

`https://wordpress.org/patterns/pattern/`**`newsletter/`**

En utilisant le code ci-dessous, vous pouvez créer une référence à un modèle dans *wordpress.org*.

```
"version": 2,
"patterns": [
  "Name pattern", "slug-name-pattern"
],
```

Dans le code, incluez le nom et le **nom** de la **balise** de la composition.

Ouvrez le fichier theme.json. Ajoutez le code suivant après **"version": 2,** . Ajustez ensuite les deux valeurs. Si vous voulez plus de compositions, utilisez une virgule après le premier composition. Attention, le dernier composition n'est pas terminé par une virgule. Le dernier composition ne se termine pas par une virgule. Voici le résultat :

```
"patterns": [
  "Newsletter", "newsletter",
  "Author Box - Colored", "author-box-colored"
],
```

Enregistrez le fichier. Les modèles de blocs se trouvent ensuite dans les catégories **Texte** et **Appel à action**.

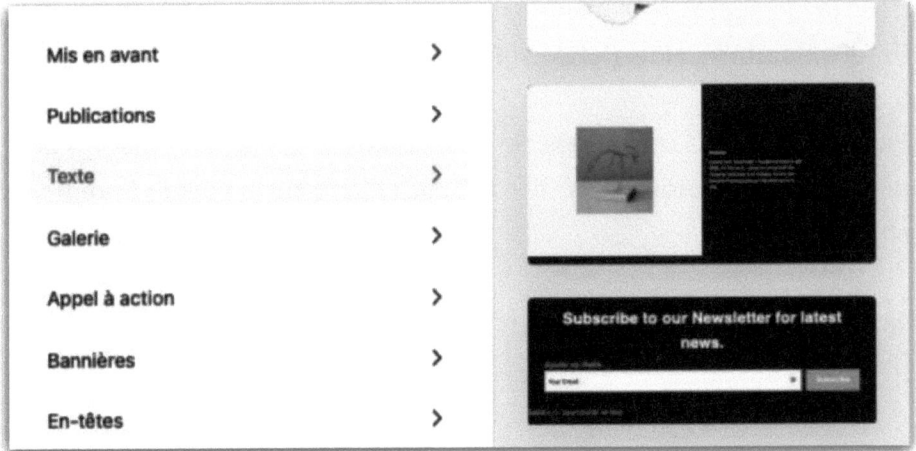

Défilement parallaxe

Lors de la création de la **composition Parallaxe**, un **arrière-plan fixe** a été sélectionné dans les **réglages des médias** du bloc **Bannière**.

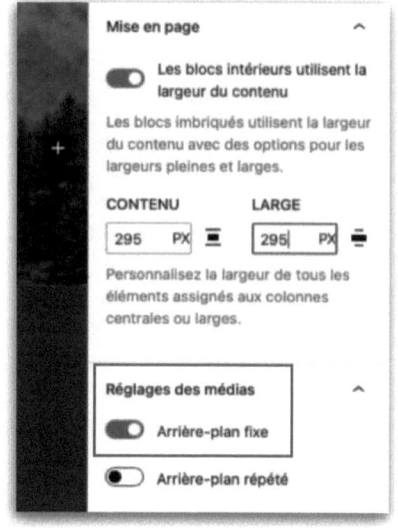

Cela donne à l'arrière-plan d'une image de couverture une position fixe dans la page web. Pour que l'effet soit visible, il est important d'inclure suffisamment de contenu dans une page.

Créez une nouvelle page intitulée **Composition**. Dans la page, placez les blocs de compositions suivants :
Parallax pattern, **Newsletter** et **Parallax pattern**.

Remplacez ensuite les **images de mise avant** et ajustez la **couleur d'arrière-plan** du **bouton** Newsletter. Cliquez ensuite sur le bouton **Enregistrer**.

Ajoutez la page à votre menu de navigation ou prévisualisez-la.
Utilisez la barre de défilement pour voir l'effet.

Si vous souhaitez en savoir plus sur la mise en page et les effets de défilement, lisez le livre **WordPress Gutenberg**. Vous y apprendrez notamment comment utiliser les **ancres** pour faire défiler automatiquement les différentes parties d'une page.

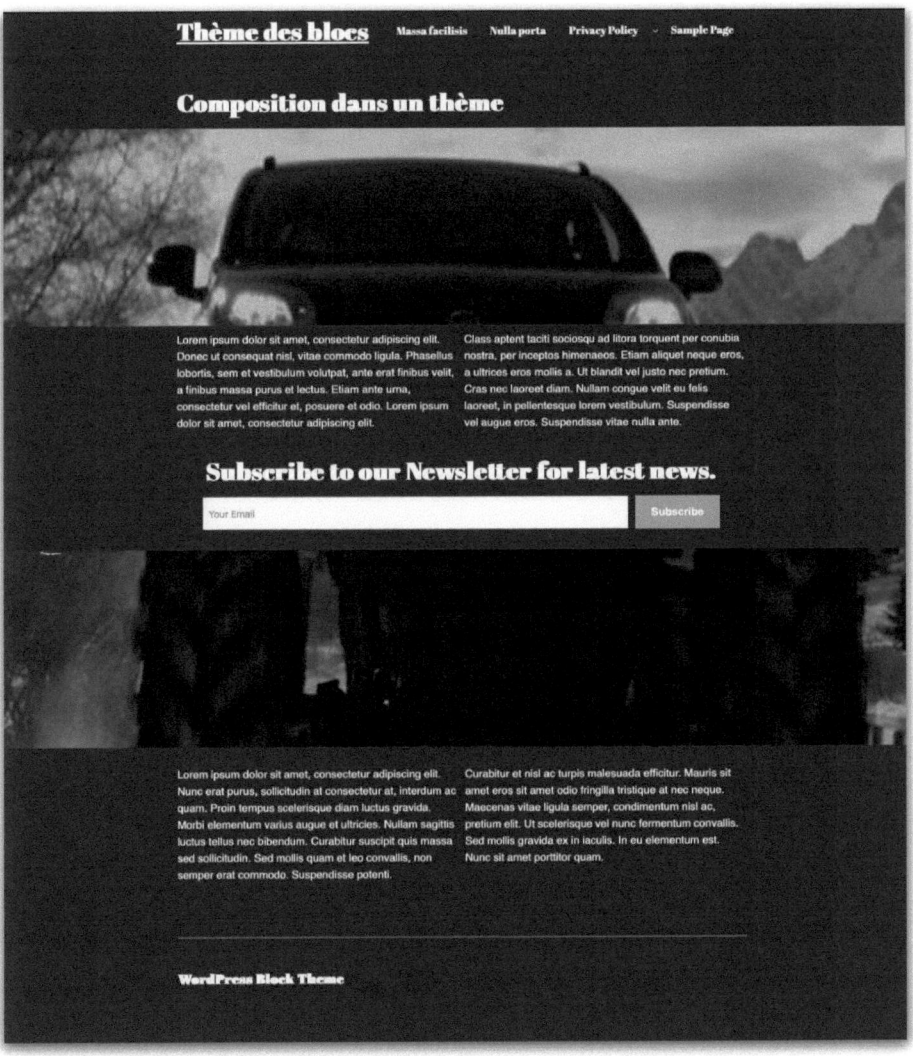

Supprimer les compositions

Si vous créez un thème pour un large public, les blocs de compositions correspondants constituent un élément important de l'ensemble.

Avec les bons modèles, un utilisateur peut facilement créer une page qui correspond au thème. Après l'insertion d'un composition, il n'est pas nécessaire de modifier le style et la mise en forme. Seul le contenu est modifié.

Les modèles standard de WordPress ne s'adaptent souvent pas bien au thème. Si le thème est destiné à être distribué, il est recommandé de supprimer ces compositions.

Ouvrez le fichier **functions.php**.
Ajoutez le **code** ci-dessous et **enregistrez** le fichier.

```
// Remove standard patterns
function btb_theme_support() {
    remove_theme_support('core-block-patterns');
}
add_action('after_setup_theme' , 'btb_theme_support');
```

Allez dans **Tableau de bord > Pages > Ajouter** et affichez les compositions restants.

Avec les compositions core-blocks   Sans les compositions core-blocks

Vous pouvez également télécharger le fichiers.

wp-books.com/block-theme
page 148 - compositions

VARIATION DE STYLE

Les thème des blocs peuvent avoir une ou plusieurs variations de style. Il est ainsi possible de choisir différents styles au sein d'un même thème. La police, la palette de couleurs et les blocs peuvent ainsi changer de style. La structure de la mise en page du thème reste inchangée.

Le thème **Twenty Twenty Two** propose quatre combinaisons de styles. Les variations de style se trouvent dans **l'éditeur de site > Styles**.

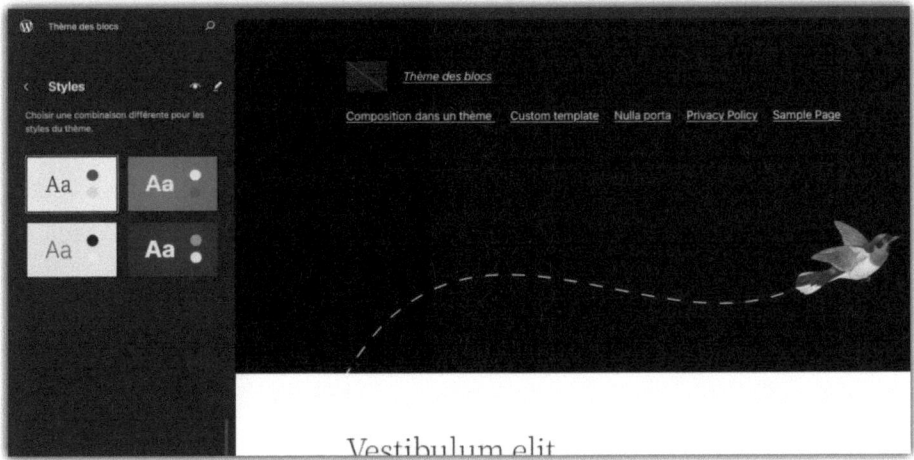

Variation de style dans un thème

Dans ce chapitre, vous allez ajouter une variante de style au thème **bloc theme basic**. Cette variante contiendra le schéma de couleurs opposé. Ce qui est gris foncé deviendra blanc et vice versa. Cette variante utilisera également une nouvelle police Google. Vous pouvez également télécharger le thème.

> **wp-books.com/block-theme**
> **page 150 - variation**

Les étapes:

1. **Dupliquer** theme.json.
2. Renommez le fichier dupliqué en **white.json**.
3. **Placez** white.json dans un nouveau dossier nommé **styles**.
4. **Ouvrez** le fichier white.json et modifiez-le.
5. Ajoutez un **titre**, voir l'exemple.

```
"version": 2,
"title":"White",
```

6. Dans la catégorie **typography** - fontFamily, le nom et la limace **Abril Fatface** ont été remplacés par **Lobster** (la limace est sans majuscule).

```
{
  "fontFamily": "\"Lobster\", sans-serif",
  "name": "Lobster",
  "slug": "lobster"
}
```

7. Variable `--abril-fatface` remplacé par `--lobster`.

```
"typography": {
  "fontFamily": "var(--wp--preset--font-family--lobster)"
}
```

8. Dans les catégorie **settings > palette**, modifiez le code couleur. `#ffffff` devient `#3e3e3e` et vice versa.

```
"palette": [
  {
    "slug": "foreground",
    "color": "#3e3e3e",
    "name": "foreground"
  },
  {
    "slug": "background",
    "color": "#ffffff",
    "name": "background"
  }
],
```

9. **Enregistrer** le fichier.

Depuis qu'un dossier de **styles** avec le fichier **white.json** a été ajouté au thème, une combinaison de styles est automatiquement reconnue par WordPress.

La nouvelle police **Lobster** doit encore être enregistrée dans le fichier **functions.php**.

10. Ouvrez le fichier **functions.php**.
11. **Copiez** la ligne `wp_enqueue_style( ... );`.
12. **Collez**-la sur la ligne suivante.
13. Placez un chiffre (1 ou 2) après `google-fonts`.
14. Puis dans **l'URL**, ajustez le `nom de police`.

```
// Define fonts
function google_fonts() {
    wp_enqueue_style( 'google-fonts1', 'https://fonts.googleapis.com/css2?family=Abril+Fatface&displa
    wp_enqueue_style( 'google-fonts2', 'https://fonts.googleapis.com/css2?family=Lobster&display=swap
}
add_action( 'wp_enqueue_scripts', 'google_fonts' );
```

15. **Enregistrer** le fichier.

Ensuite, dans la **stylesheet**, remplacez les codes de couleur par des variables. Cela permettra également d'ajuster le menu réactif après un changement de style.

1. Ouvrez le fichier style.css.
2. Remplacer les codes de couleur par des variables.
`#fff` devient `var(—wp-preset--color--foreground)`.
`#eee` devient `var(—wp-preset--color--background)`.

```
.wp-block-navigation:not(.has-background) .wp-block-navigation__submenu-container {
    color: var(--wp--preset--color--foreground);
}
```

Allez dans **Tableau de bord > Apparence > Editor - Styles**.

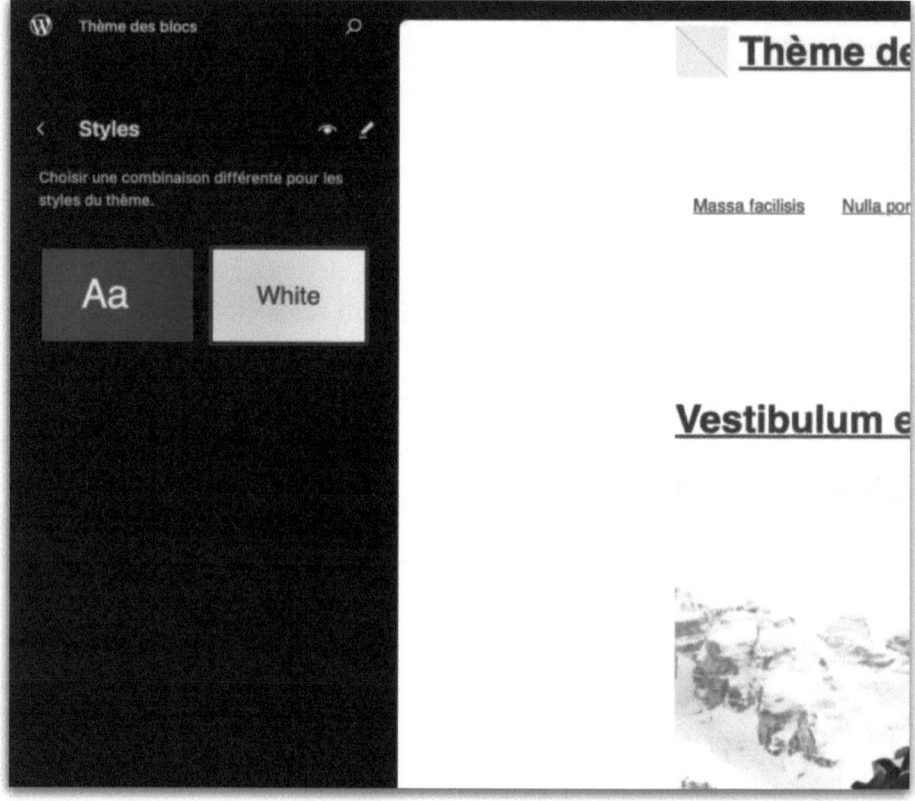

Sélectionnez la combinaison de styles **White**. Cliquez sur **Enregistrer** (en bas) et affichez le site web.

En utilisant des **variables** au lieu de codes de couleur, vous ne devez dans ce cas adapter un code de couleur qu'une seule fois. Bien entendu, vous pouvez également appliquer cette méthode à une **fontFamily** et à une **fontSize**.

Un utilisateur peut ajuster la variante de style en cliquant sur Modifier les styles (icône crayon).

AJOUTER DES OPTIONS

Dans **l'éditeur de pages**, vous travaillez avec des blocs standard tels que des paragraphes, des titres, des listes, etc. Si vous souhaitez que les blocs correspondent au thème, vous pouvez ajouter des styles supplémentaires. L'utilisateur peut décider du style à appliquer.

Pour vérifier si les blocs correspondent au thème, vous pouvez procéder comme suit : créez une nouvelle page et placez des blocs de texte. Voyez ensuite quels blocs peuvent utiliser des options de style supplémentaires.

Nous allons étendre les options de style pour le bloc **Citation**. Une fois le bloc inclus dans une page, dans la colonne de droite sous **Options du bloc > Styles**, deux styles sont affichés, **Valeur par défaut** et **Uni**.

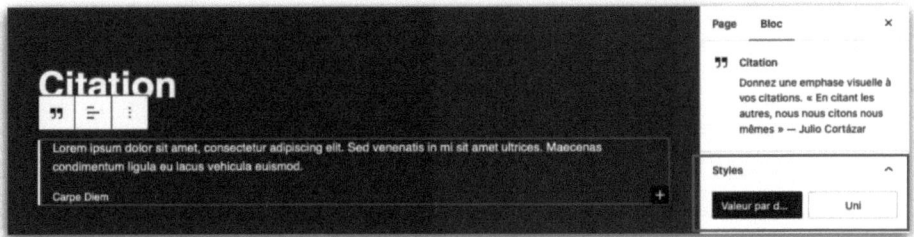

Vous pouvez également remplacer le style par défaut par un nouveau style. Dans ce chapitre, nous allons donner un style supplémentaire au bloc.

Conseil : si le thème est créé pour un grand groupe d'utilisateurs, il est recommandé de remplacer l'option par défaut. Après avoir ajouté un bloc, le nouveau style sera appliqué immédiatement.

Vous pouvez télécharger le thème personnalisé :

wp-books.com/block-theme
page 156 - options

Avant de personnaliser le thème, il est utile de savoir ce que vous allez créer. Tout d'abord, regardez les différentes citations CSS. Dans ce cas, nous allons donner au bloc une couleur de fond et des coins arrondis. Un caractère "quote" sera affiché avant et après la citation.

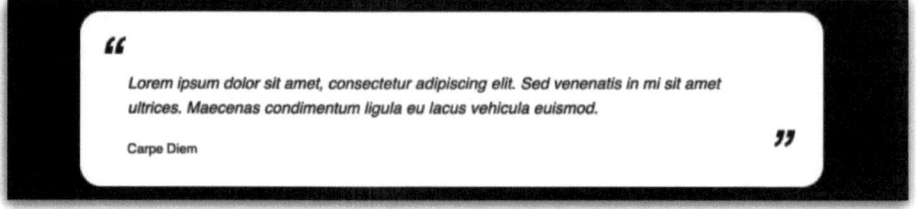

functions.php

Ouvrez le fichier **functions.php** et ajoutez le code ci-dessous.

```
 91  // reference to quote stylesheet
 92  add_action('init', function() {
 93    wp_enqueue_style( 'blockthemebasic-quote',
 94    get_template_directory_uri() . '/assets/css/btb-quote.css',
 95    array(),
 96    wp_get_theme()->get( 'Version' ) );
 97  });
 98
 99  // reference to editor.js
100  function btb_gutenberg_scripts() {
101
102    wp_enqueue_script(
103      'btb-editor',
104      get_stylesheet_directory_uri() . '/assets/js/editor.js',
105      array( 'wp-blocks', 'wp-dom' ),
106      filemtime( get_stylesheet_directory() . '/assets/js/editor.js' ),
107      true
108    );
109  }
110  add_action( 'enqueue_block_editor_assets', 'btb_gutenberg_scripts' );
```

Le code comprend une référence à une nouvelle **stylesheet**.

En dessous, il y a une référence à un fichier **.js**.

editor.js

Ouvrez un éditeur de code et créez un nouveau fichier.

Insérez le code ci-dessous et enregistrez le fichier sous **editor.js**.

```
1  // adding block style
2  wp.blocks.registerBlockStyle(
3    'core/quote',
4    [{
5      name: 'btb-quote',
6      label: 'BTB Quote',
7    }]
8  );
```

Placez ensuite le fichier dans le dossier **assets > js**.

Ce fichier enregistre un nouveau style de bloc.

`name:'btb-quote'` nom du sélecteur à utiliser en CSS.

`label:'BTB Quote'` nom dans l'éditeur sous **Options > Styles**.

WordPress génère un nom de classe **.is-style-btb-quotation** avec ce code. Ce nom est nécessaire dans le fichier CSS pour donner au nouveau bloc de citation les propriétés correctes.

Stylesheet

Créez une nouvelle feuille de style nommée **btb-citation.css**. Ajoutez le code ci-dessous. Placez le fichier dans le dossier **assets > css**.

```css
/* BTB Quote */
blockquote.wp-block-quote.is-style-btb-quote{
    font-size: 18px;
    font-style: italic;
    padding: 50px 60px 30px 55px;
    line-height:1.6;
    position: relative;
    border-left: 0;
    color: var(--wp--preset--color--background);
    background-color: var(--wp--preset--color--foreground);
    -webkit-border-radius: 25px;
    -moz-border-radius: 25px;
    border-radius: 25px;
}

blockquote.wp-block-quote.is-style-btb-quote::before{
    content: "\201C";
    font-size:4em;
    position: absolute;
    left: 20px;
    top:0px;
}

blockquote.wp-block-quote.is-style-btb-quote::after{
    content: "\201D";
    font-size:4em;
    position: absolute;
    right: 40px;
    bottom:-20px;
}
```

Comme vous pouvez le voir, la classe `.is-style-btb-citaat` a été ajoutée aux sélecteurs. Cela permet d'appliquer la mise en forme uniquement à un bloc de citation avec le style BTB Quote.

Notez que le nom d'une classe commence toujours par un "**.**" point.

Appliquer le style

Ouvrez une nouvelle page et placez trois blocs de citation.

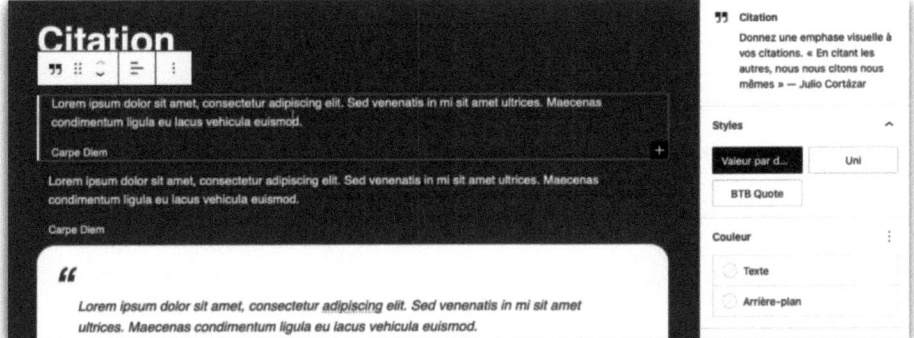

Dans l'exemple, toutes les options de style ont été appliquées. Dans le dernier bloc avec le style **Citation BTB**, le guillemet fermant n'est pas affiché dans l'éditeur, alors qu'il l'est dans la page d'accueil du site.

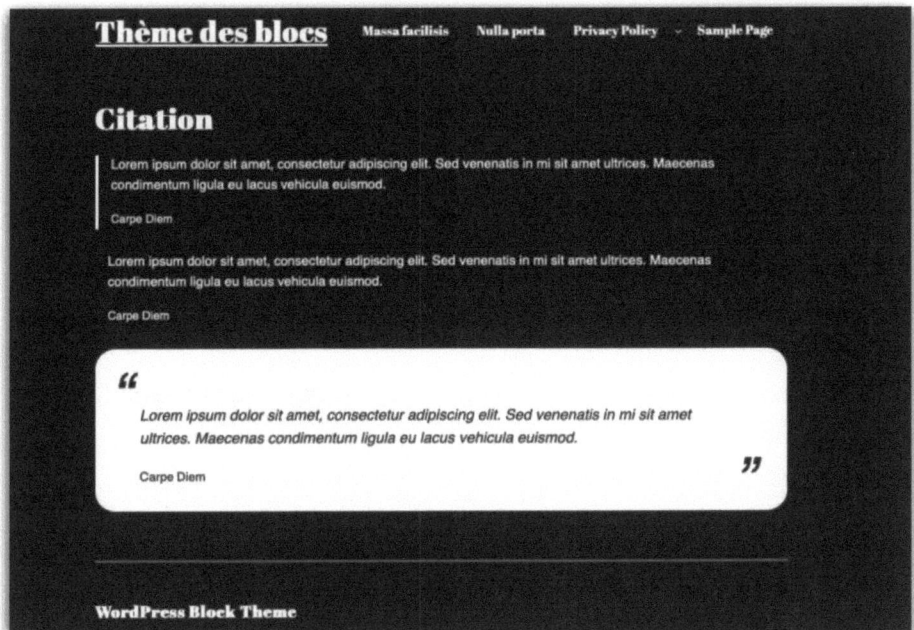

Supprimer l'option de style de bloc

Si vous souhaitez supprimer une option de bloc par défaut, vous pouvez modifier le code dans le fichier **editor.js**. Ouvrez le fichier et ajoutez du code supplémentaire.

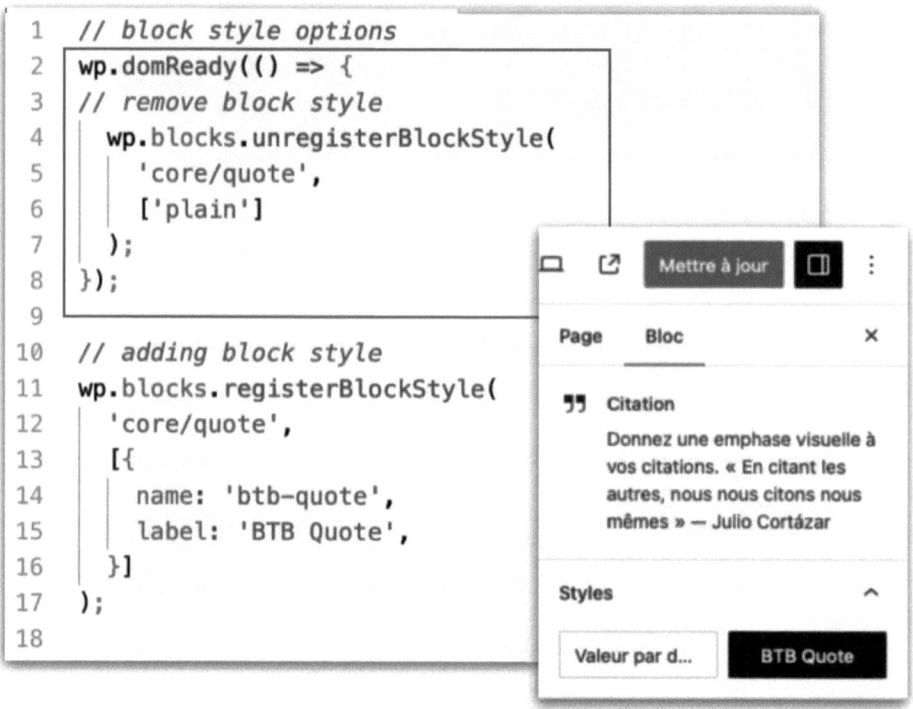

Enregistrez ensuite le fichier. Regardez l'éditeur.

Comme vous pouvez le constater, l'option Styles **sans formatage** (Uni) a été supprimée.

Après l'insertion d'un nouveau bloc de citation, la **Valeur par défaut** est appliquée.

Remplacement du style de bloc

Si l'intention est d'appliquer le style BTB Quotation comme style par **défaut**, il n'est pas nécessaire d'effectuer toutes les actions décrites dans les sections précédentes. Dans ce cas, vous pouvez inclure les styles CSS directement dans le fichier **style.css**.

Remplacez alors le nom de classe `.is-style-btb-quote` par `.is-style-default`.

```css
/* BTB Quote */
blockquote.wp-block-quote.is-style-default{
    font-size: 18px;
    font-style: italic;
    padding: 50px 60px 30px 55px;
    line-height:1.6;
    position: relative;
    border-left: 0;
    color: var(--wp--preset--color--background);
    background-color: var(--wp--preset--color--foreground);
    -webkit-border-radius: 25px;
    -moz-border-radius: 25px;
    border-radius: 25px;
}

blockquote.wp-block-quote.is-style-default::before{
    content: "\201C";
    font-size:4em;
    position: absolute;
    left: 20px;
    top:0px;
}

blockquote.wp-block-quote.is-style-default::after{
    content: "\201D";
    font-size:4em;
    position: absolute;
    right: 40px;
    bottom:-20px;
}
```

Core Blocks

Lorsque vous allez modifier les propriétés d'un bloc dans le code source, il est bon de savoir quels sont les noms de blocs utilisés. En raison de la traduction, il n'est pas facile de retrouver les noms originaux. Vous trouverez ci-dessous une liste de quelques Core blocks :

core/archives	core/navigation
core/audio	core/navigation-link
core/button	core/nextpage
core/buttons	core/paragraph
core/calendar	core/preformatted
core/categories	core/pullquote
core/code	core/quote
core/column	core/rss
core/columns	core/search
core/cover	core/separator
core/file	core/shortcode
core/latest-comments	core/social-link
core/latest-posts	core/social-links
core/legacy-widget	core/spacer
core/gallery	core/subhead
core/group	core/table
core/heading	core/tag-cloud
core/image	core/text-columns
core/list	core/verse
core/media-text	core/video
core/more	core/widget-area

Classes

Comme vous le savez maintenant, les éléments de bloc et les styles de bloc ont leur propre nom de classe. Vous pouvez les utiliser pour modifier la mise en forme ou pour créer un nouveau style. créer un nouveau style.

Exemple, le bloc **Citation**.
Nom du bloc : **core/quote**.
Nom de la classe du bloc : **wp-block-quote**.
Style de bloc - Par défaut, Nom de classe : **default**.
Style de bloc - Sans formatage, Nom de classe : **plain**.

Une fois que ce bloc avec un style choisi est inclus dans une page, un nom de classe est généré dans le code HTML, par exemple :
`class="wp-block-quote is-style-default"`

Pour doter les blocs de propriétés de style, vous pouvez utiliser trois classes dans ce cas :
- `.wp-blokquote` (sans style)
- `.is-style-default` (par défaut)
- `.is-style-plain` (sans formatage)

Un certain nombre de classes ont été appliquées dans la section Remplacement du style de bloc.
Si vous souhaitez savoir quels noms de classes sont générés, vous pouvez procéder comme suit. Dans cet exemple, le bloc Citation est utilisé.

Créez une nouvelle page et placez-y trois blocs Citation.
Options de style pour les trois blocs :
Bloc 1 - **pas de style**, Bloc 2 - **par défaut** et Bloc 3 - **pas de formatage**.

Allez dans le colonne de droite **Options - trois points > éditeur de code**.

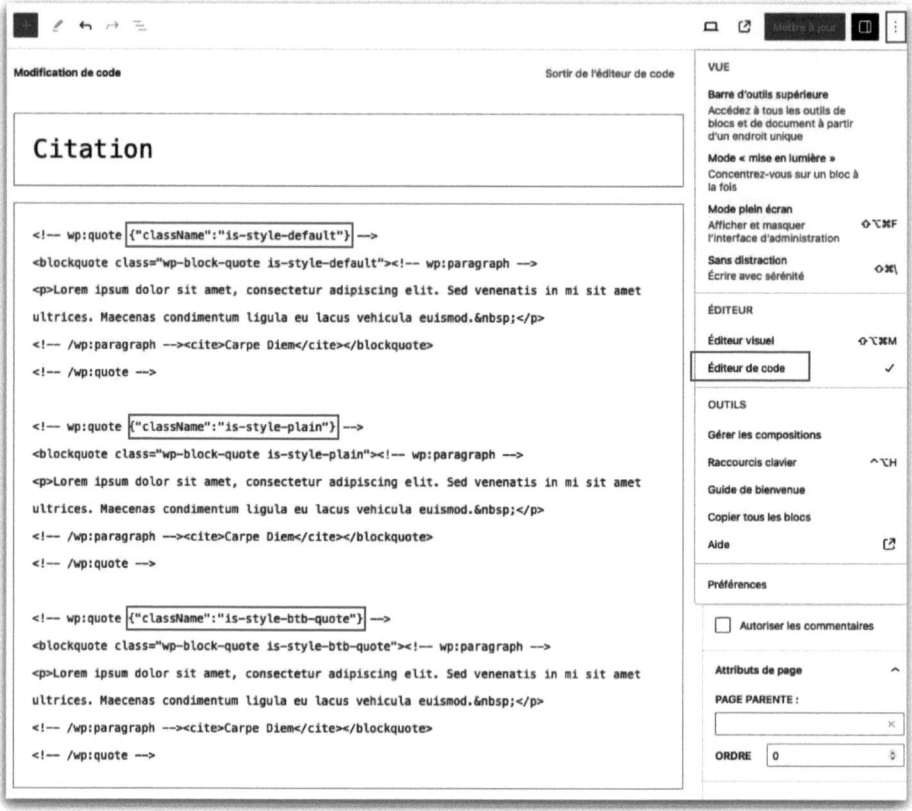

Comme vous pouvez le voir dans le code HTML, l'attribut class indique quel nom de **classe** a été généré.

Un thème est bien plus que la simple enveloppe d'un site web. En alignant les éléments de bloc avec le thème, vous assurez l'uniformité. Ces accents supplémentaires rendent le site web agréable et intéressant. En utilisant des styles de bloc supplémentaires, vous introduisez de la diversité. Cela offre à l'utilisateur suffisamment de choix pour composer des pages et des articles.

Si vous souhaitez disposer d'options de style pour les éléments de bloc, vous savez maintenant comment procéder. En guise d'exercice supplémentaire, vous pouvez créer vos propres styles pour le bloc **Liste**.

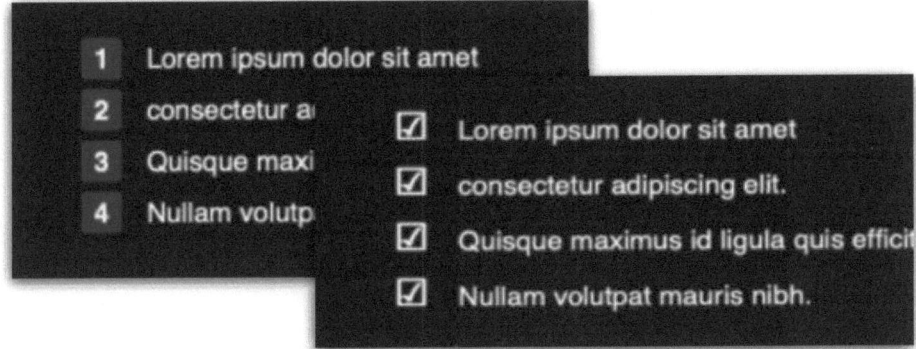

Attention ! Une liste peut être numérotée `<ol>` ou non numérotée `<ul>`. Il y a beaucoup de variations possibles. Des styles de liste sont inclus dans le fichier d'exemple.

Si vous recherchez le bon code CSS, utilisez un moteur de recherche. Avec les bons mots-clés, vous obtiendrez rapidement des résultats : *style de liste CSS...* Ou rendez-vous sur : *https://sharkcoder.com/blocks/list*

Conseil : Si vous créez un thème avec des **options de style**, assurez-vous qu'elles conviennent également aux **variations de style**.

Si vous souhaitez en savoir plus sur HTML et CSS, rendez-vous sur :
https://www.w3schools.com.

WordPress - Thème des blocs

THÈME AVEC ANIMATION

Avec un thème, vous pouvez utiliser la couleur et la taille pour indiquer clairement quelles parties sont importantes pour le visiteur du site. Le mouvement permet de renforcer cet effet. Cela permet d'accorder plus d'attention à un élément du bloc, ce qui permet au visiteur d'absorber l'information plus rapidement. Un thème devient dynamique et amusant.

Il existe de nombreux types d'effets possibles, mais attention à ne pas en faire un carnaval. Veillez à ce qu'une animation contribue à la structure et à la lisibilité d'un site web.

Le thème des blocs étant construit à partir de modèles HTML, il est assez facile d'y ajouter des effets, y compris des animations.

Avant de les utiliser, il est utile de savoir quel effet vous souhaitez appliquer. Ce chapitre utilise deux effets : Le **Fade-in** et l'effet **TypWriter**. Il existe de nombreux exemples de CSS sur Internet.

Dans ce thème, les **modèles** sont fournis avec un effet de Fade-in. Cet effet est visible lorsqu'une page ou un article est chargé. Le **titre** apparaît avec un effet TypeWriter.

Vous pouvez également télécharger les codes :

> www.wp-books.com/block-theme
> page 168 - animatie

```css
/* Animatie Fade In */
.fade-in-text {
  animation: fadeIn 3s;
}

@keyframes fadeIn {
  0% {
    opacity: 0;
  }

  100% {
    opacity: 1;
  }
}

/* Animatie TypeWriter - Let op! titel */
.anim-typewriter {
  display: inline-block;
  overflow: hidden;
  animation: typing 4s steps(100, end);
  white-space: nowrap;
  box-sizing: border-box;
}

.anim-typewriter a {
  text-decoration: none;
}

@keyframes typing {
  from {
    width: 0%;
  }

  to {
    width: 100%;
  }
}
```

Téléchargez et ouvrez le fichier **animation.css**.

Le code CSS comprend une **classe** nommée `.fade-in-text`. Elle contient le **fadeIn** et la durée de l'animation.

Dans `@keyframes fadeIn`, elle spécifie la valeur de transparence avec laquelle l'animation commence et se termine.

En dessous, vous trouverez la **classe `.anim-typewriter`**.
Elle contient l'animation `typing` et sa durée.

Au niveau de `@keyframes typing` indique la largeur à laquelle le bloc de texte commence et se termine. **Copiez** le code.

Allez maintenant dans le dossier du thème et collez ceci dans le fichier **style.css**.

Allez ensuite dans **Tableau de bord > Apparence > Éditeur**.
La page d'**index** s'affiche. Cliquez sur la page pour la modifier.

Utilisez la **vue en liste** pour visualiser la structure.

Dans la **vue en liste**, sélectionnez le bloc **Modèle de publication**.

Dans la colonne de droite, sous **Options - Avancé**, placez le nom de la classe **fade-in-text**. Notez que ce champ de texte utilise un nom de classe **sans point**.

Revenez ensuite à la **Vue en liste** et sélectionnez le bloc **Titre**.

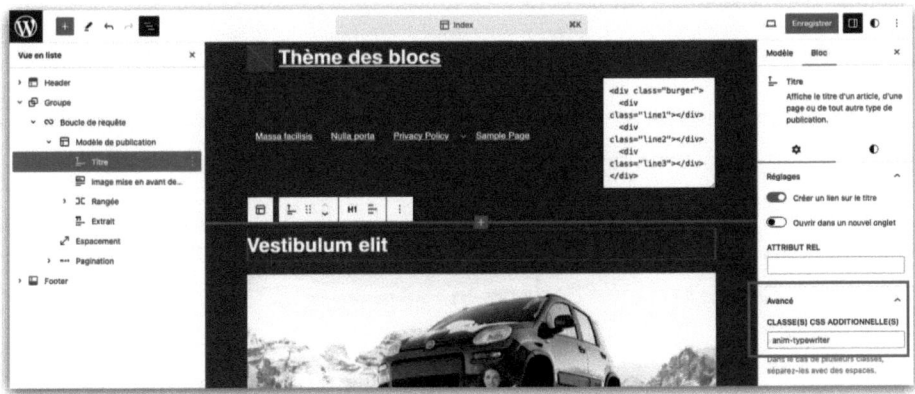

Dans la colonne de droite, sous **Options - Avancé**, placez le nom de classe **anim-typewriter** (sans point).

Cliquez sur le bouton **Enregistrer** et affichez le site web.

Si vous souhaitez que les animations soient appliquées à d'autres modèles, vous pouvez répéter ce processus.

S'il manque à un modèle le bloc Message, vous pouvez utiliser le bloc **Groupe** pour créer un effet de **fade-in**.

Remarque ! Après avoir saisi le nom de la classe **anim-typewriter**, la position du bloc **Titre** peut changer. Si cela se produit, vous pouvez placer le bloc **Titre** dans un nouveau bloc **Groupe**.

La page suivante présente une capture d'écran du modèle **Page**. En utilisant la **vue en liste**, vous pouvez voir la nouvelle structure.

Sélectionnez le **Groupe**, allez dans **Options - Justifications** et sélectionnez **Justifier les bloc à gauche**.

Une fois que tous les **modèles** ont été ajustés, cliquez sur le bouton **Enregistrer** et affichez le site web.

WordPress - Thème des blocs

THÈME - EXPORTATION

Lorsqu'un thème de bloc est développé, les **modifications** apportées à sa **structure** et à son **style** par l'éditeur du site ne sont pas sauvegardées dans le code source. Il est donc possible de réinitialiser un thème. Ce n'est qu'après l'exportation du thème que ces modifications apparaissent dans le code source.

Si vous avez terminé avec le thème, il est temps de l'exporter. Allez dans **Tableau de bord > Apparence > Éditeur**. La page d'index s'affiche. Cliquez sur la page pour la modifier. Allez dans **Options**, 3 points en haut à droite et sélectionnez **Exportation**.

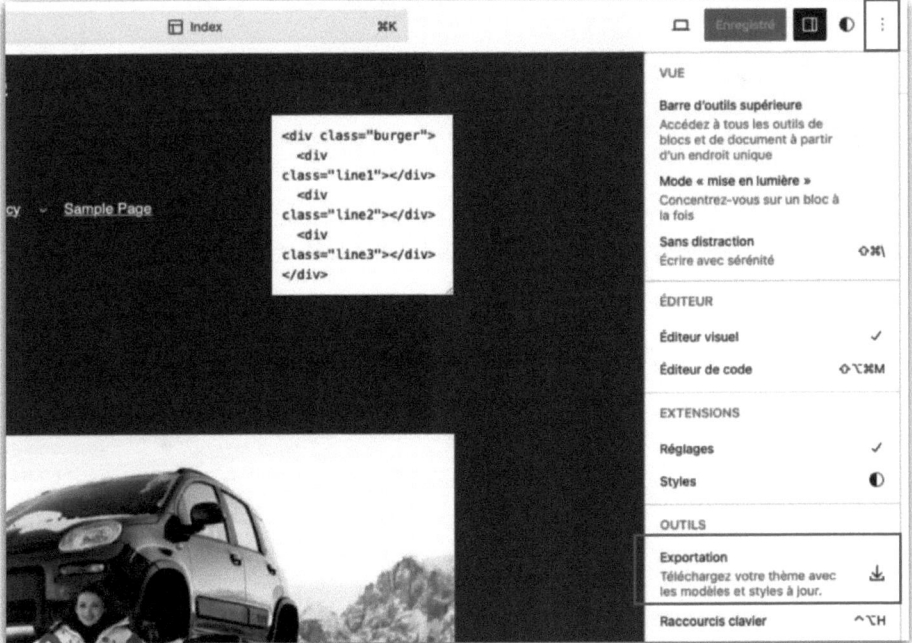

Le thème se trouve alors sous forme de fichier **zip** dans un dossier de **téléchargement**.

Un utilisateur peut utiliser ce fichier pour installer et activer le thème.
Si vous souhaitez que le thème soit inclus dans la bibliothèque de thèmes de *WordPress.org/themes*, il doit d'abord être soumis. Ce n'est qu'après un examen approfondi et une approbation que le thème sera publié.

L'une des conditions de soumission est qu'un fichier appelé readme.txt soit inclus dans le dossier du thème. Vous trouverez un exemple dans le thème Twenty Twenty Two.

```
=== Twenty Twenty-Two ===
Contributors: wordpressdotorg
Requires at least: 5.9
Tested up to: 6.0
Requires PHP: 5.6
Stable tag: 1.2
License: GPLv2 or later
License URI: http://www.gnu.org/licenses/gpl-2.0.html

== Description ==

Built on a solidly designed foundation, Twenty Twenty-Two embraces the idea that everyone
deserves a truly unique website. The theme's subtle styles are inspired by the diversity
and versatility of birds: its typography is lightweight yet strong, its color palette is
drawn from nature, and its layout elements sit gently on the page.

The true richness of Twenty Twenty-Two lies in its opportunity for customization. The theme
is built to take advantage of the Full Site Editing features introduced in WordPress 5.9,
which means that colors, typography, and the layout of every single page on your site can
be customized to suit your vision. It also includes dozens of block patterns, opening the
door to a wide range of professionally designed layouts in just a few clicks.

Whether you're building a single-page website, a blog, a business website, or a portfolio,
Twenty Twenty-Two will help you create a site that is uniquely yours.
```

Assurez-vous que le thème répond à toutes les exigences et passez en revue toutes les lignes directrices avant de le téléverser.

Pour plus d'informations :
https://wordpress.org/themes/getting-started.

Téléverser le thème :
https://wordpress.org/themes/upload.

Avec l'avènement de l'éditeur de site et la facilité de création d'un thème des blocs, de nombreux thèmes des blocs apparaîtront dans un avenir proche.

Actuellement, de nombreux sites WordPress utilisent encore des thèmes classiques. Il faudra attendre un certain temps avant qu'ils ne soient complètement remplacés.

Vous pouvez également télécharger le thème entièrement personnalisé.

> **wp-books.com/block-theme**
> **page 176 - blockthemebasic**

RÉINVENTER LA ROUE ?

Vous connaissez maintenant les étapes à suivre pour créer un thème de bloc WordPress. Grâce à ces connaissances, vous pouvez également modifier des thème des blocs existants.

En étudiant les thème des blocs, vous pouvez voir comment les concepteurs de thèmes ont procédé. Parfois, JavaScript ou une police de caractères sont ajoutés. D'autres thèmes utilisent SASS, une variante de CSS.

Il existe aujourd'hui de nombreux thèmes de base qui sont spécialement conçus pour la création de votre propre thème. WordPress les appelle **Base Theme** ou **Block Based Starter Theme**. L'une des caractéristiques est qu'il contient un certain nombre de styles et de fonctionnalités de base. L'objectif est de le développer pour en faire un produit final à part entière.

Il faut du temps pour comprendre sa structure, ses fonctions et ses styles avant de pouvoir travailler avec un base theme.

WordPress dispose également d'un base theme appelé Blockbase. Vous pouvez le télécharger à partir de : *wordpress.com/theme/blockbase* ou de **Tableau de bord > Apparence > Themes**.

Le thème **Blockbase** comporte des éléments intéressants que vous pouvez intégrer dans votre propre site web. Il n'est pas nécessaire de développer davantage le thème. Vous pouvez également utiliser certains de ses composants.

Installez et **activez** le thème **Blockbase** d'Automattic. Allez ensuite dans **Tableau de bord > Apparence > Éditeur**. et vérifiez la page d'index.

Dans la colonne de droite, **Styles > Typographie** (3 points), activez la **famille de polices**. Chez **POLICE DE CARACTÈRE**, vous pouvez choisir parmi une large sélection.

Si vous souhaitez bénéficier de la même fonctionnalité dans votre propre thème, allez dans le dossier du thème **Blockbase** et regardez la structure du dossier.

Le dossier **fonts** est situé dans les dossiers **inc** et **assets**.

L'ajout d'une fonction se fait avec **function.php**. A partir du fichier **theme.json**, les polices utilisées sont spécifiées.

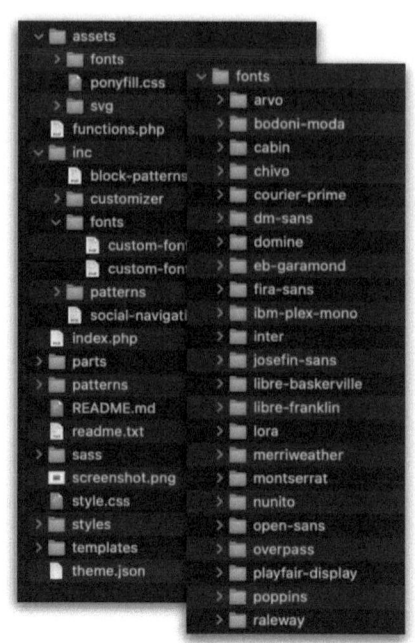

Suivre le chemin

> **Créer un nouveau site WordPress.**
> **Installer et activer le thème blockthemebasic - page 76.**

Après avoir examiné la structure des dossiers de Blockbase, il apparaît clairement quels sont les dossiers dont vous avez besoin pour cela. Vous aurez plus de certitude en suivant le chemin.

Dans le dossier du thème **Blockbase**, ouvrez le fichier **functions.php**.

```
require get_template_directory() . '/inc/fonts/custom-fonts.php';
```

Comme vous pouvez le voir, une référence est incluse dans le dossier :
inc/fonts/custom-fonts.php.
Copiez cette ligne et **collez**-la dans le fichier **functions.php** de votre thème. **Copiez** ensuite le dossier **inc** et **collez**-le dans votre propre thème.

Ouvrez ensuite le fichier **custom-fonts.php**.

```
21  function get_style_css( $slug ) {
22      $font_face_file = get_template_directory() . '/assets/fonts/' . $slug . '/font-face.css';
23      if ( ! file_exists( $font_face_file ) ) {
24          return '';
25      }
26      $contents = file_get_contents( $font_face_file );
27      return str_replace( 'src: url(./', 'src: url(' . get_template_directory_uri() . '/assets/fonts/' . $slug . '/',
    $contents );
28  }
```

Il s'agit du dossier **assets/fonts**.
Copiez le dossier assets et collez-le dans votre propre thème.

Ouvrez le fichier **theme.json** de **Blockbase**.

```
344    "typography": {
345      "fontFamilies": [
346        {
347          "fontFamily": "-apple-system, BlinkMacSystemFont, 'Segoe UI',
348          "slug": "system-font",
349          "name": "System Font"
350        },
351        {
352          "fontFamily": "Arvo, serif",
353          "slug": "arvo",
354          "name": "Arvo",
355          "provider": "blockbase-fonts"
356        },
357        {
358          "fontFamily": "'Bodoni Moda', serif",
359          "slug": "bodoni-moda",
360          "name": "Bodoni Moda",
361          "provider": "blockbase-fonts"
362        },
363        {
364          "fontFamily": "Cabin, sans-serif",
365          "slug": "cabin",
366          "name": "Cabin",
367          "provider": "blockbase-fonts"
368        },
```

A partir de la ligne 344 sous **settings > typography**, les **fontFamilies** sont incluses. **Copiez** les lignes **344** à **542**.

Ouvrez le fichier **theme.json** du thème **blockthemebasic**. Sélectionnez la catégorie **typographie** lignes 28 à 35 et **collez** le code.

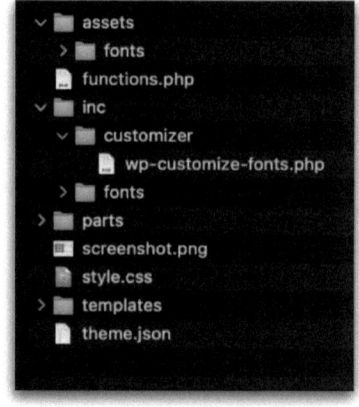

Vous pouvez ensuite supprimer les fichiers inutiles des dossiers **assets**, **inc** et **customizer**.

Dans la colonne de droite, **Styles > Typographie** (3 points), activez la **famille de polices**. Chez **POLICE DE CARACTÈRE**, vous pouvez choisir parmi une large sélection

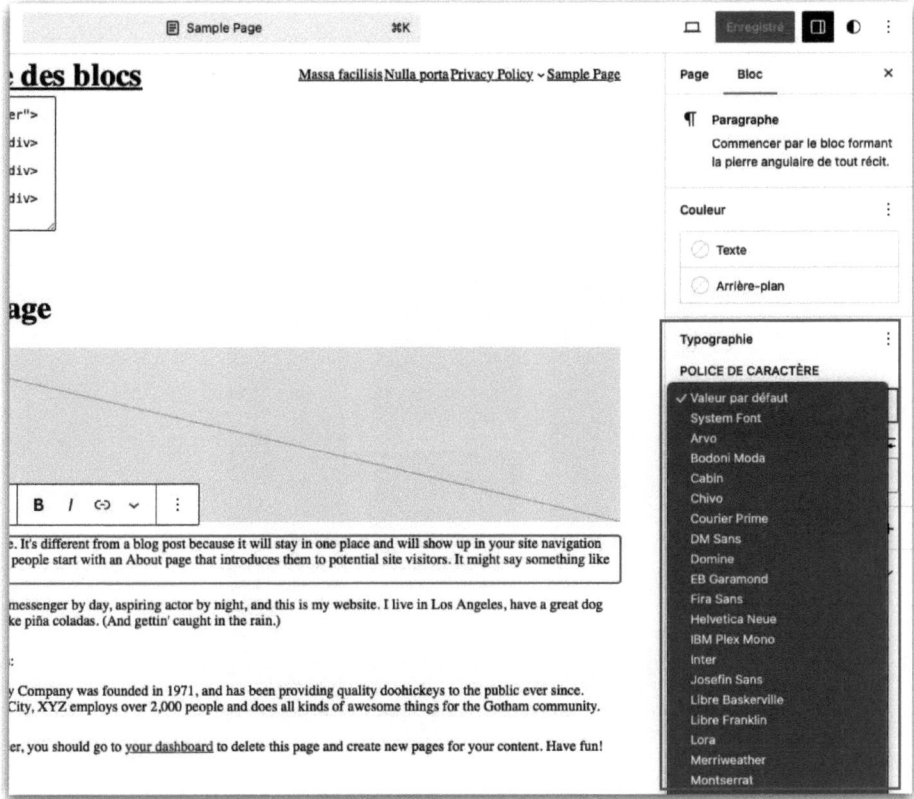

Vous pouvez également télécharger le thème personnalisé.

wp-books.com/block-theme
page 182 - blockthemebasic

WordPress - Thème des blocs

GÉNÉRATEUR DE THÈME

Le chapitre précédent a décrit la possibilité d'utiliser un starter thème. Celui-ci possède un certain style, une certaine structure et certaines caractéristiques, ce qui peut constituer un avantage ou un inconvénient. C'est un avantage si le thème a les bons composants. Si ce n'est pas le cas, il faudra plus de temps pour le supprimer et l'adapter.

Vous pouvez également utiliser un **Block Theme Generator**. Il vous permet de générer un thème avec un style minimal, voire sans mise en forme. Vous décidez des modèles personnalisés, des modèles et des parties avec lesquels vous souhaitez commencer.

Vous décidez des modèles, des compositions et des parts avec lesquels vous voulez commencer.

Entre-temps, il existe un certain nombre de Block theme generators qui peuvent vous aider.

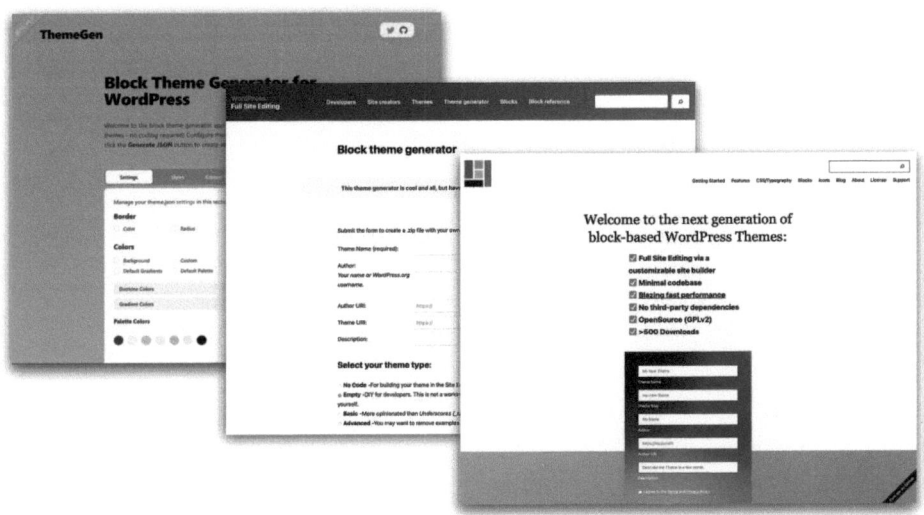

Themegen

Allez sur *www.themegen.app* et inscrivez-vous. Après l'envoi d'un lien, vous pouvez utiliser ce générateur pour créer du **code** pour theme.json.

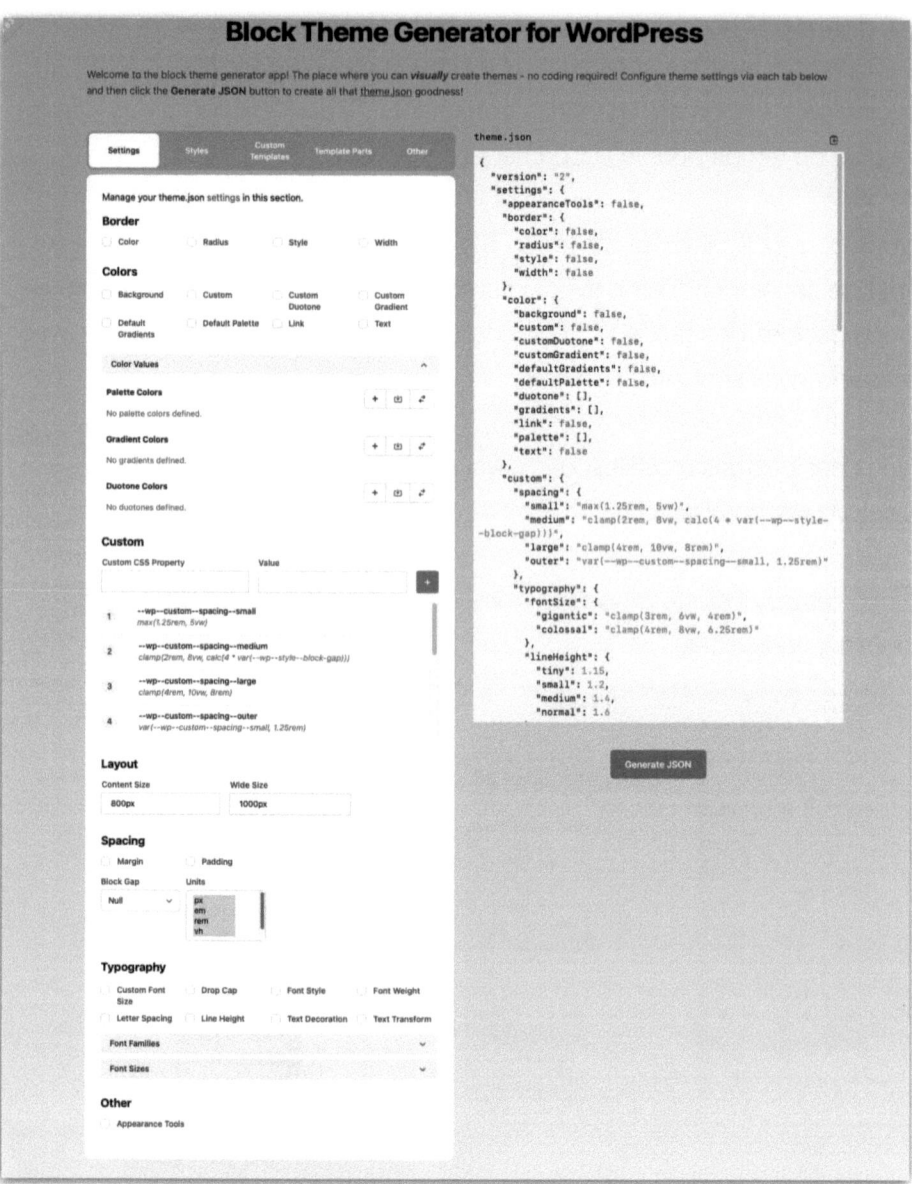

Les catégories du fichier theme.json ont été rendues visibles à l'aide d'onglets. Cela permet de développer facilement les différents composants.

Le code n'est généré qu'après avoir cliqué sur le bouton **Generate JSON**. Vous pouvez ensuite copier et coller le code dans votre propre fichier theme.json.

Vous pouvez ensuite ajouter manuellement d'autres fichiers tels que style.css, functions.php, compositions, modèles et parties au thème.

Vous pouvez également ajouter le fichier theme.json à un thème généré par d'autres générateurs. Ceux-ci fournissent un thème de départ complet, mais n'utilisent pas une interface comme celle de Themegen.

Full Site Editing - Block theme generator

Allez sur *www.fullsiteediting.com/block-theme-generator*.

Utilisez le formulaire et sélectionnez l'un des thèmes de départ.

Quatre starter themes sont disponibles :

1. **No Code** - Construire un thème avec l'éditeur de site.
   Pour les concepteurs qui veulent commencer avec un thème vide.

2. **Empty** - Ce n'est pas un thème fonctionnel ; vous devez remplir les paramètres vides dans theme.json vous-même. Ce thème se compose de six modèles et n'a pas de blocs de modèles ou de styles.

3. **Basic** - Il se compose de six modèles, de deux parties de modèles, de trois modèles de blocs et d'un certain nombre de styles de blocs. Le fichier Theme.json contient un certain nombre de styles globaux.

4. **Advanced** - Il se compose de sept modèles et de cinq parties de modèles. En outre, il comporte sept modèles de blocs et un certain nombre de styles de blocs. Le fichier Theme.json contient un certain nombre de styles globaux. En outre, le thème est équipé d'un certain nombre de fonctionnalités supplémentaires.

Sélectionnez un type. Utilisez certaines options de style telles que les couleurs, l'initiale et la largeur. Cliquez ensuite sur le bouton **Generate**.

Les thèmes *Basic* et *Advanced* comprennent des fichiers supplémentaires qui permettent à un thème de se charger rapidement et à d'autres protocoles de fonctionner efficacement. Vous pouvez les supprimer ou les laisser.

Les thèmes *No Code* et *Basic* sont idéaux pour commencer.
Vous pouvez décider de ce que vous voulez ajouter. Si vous voulez ajouter des styles globaux créés avec Themegen, vous pouvez remplacer le code theme.json.

Them.es

Allez sur *www.them.es/starter-fse*.

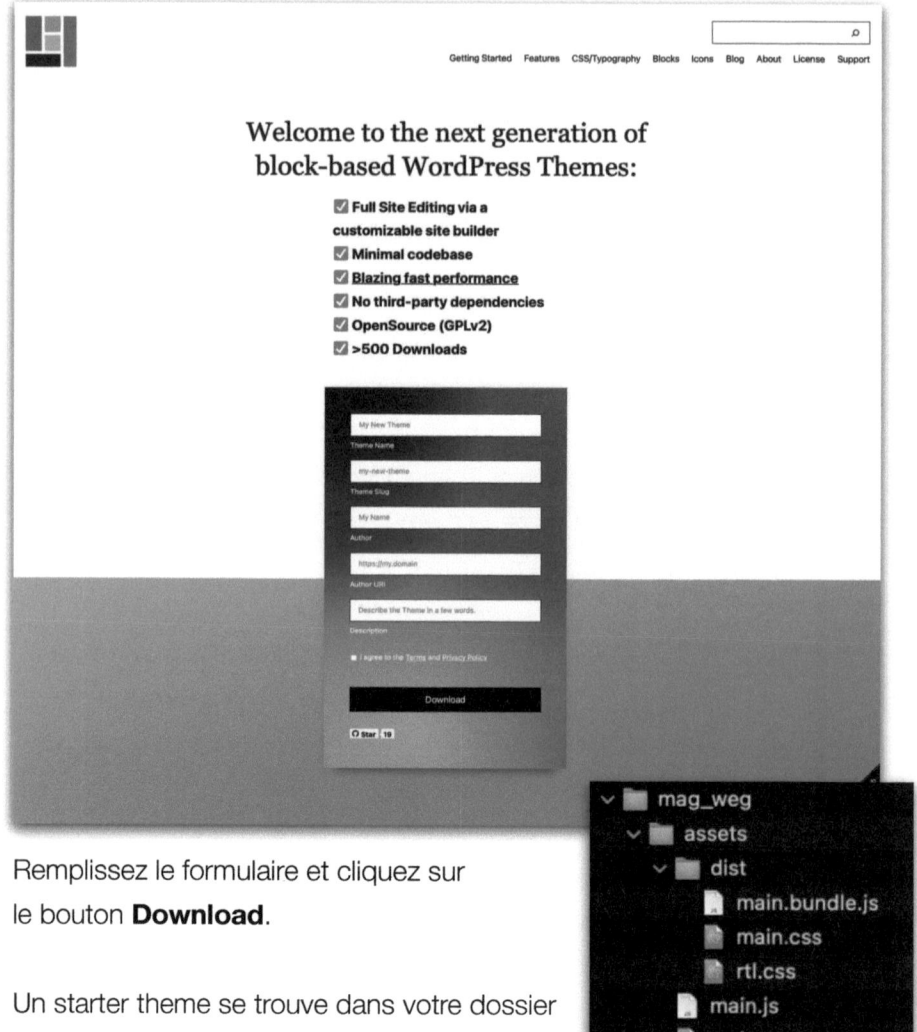

Remplissez le formulaire et cliquez sur le bouton **Download**.

Un starter theme se trouve dans votre dossier de téléchargement. Vous y trouverez également quelques fichiers que vous pouvez laisser ou supprimer. Si vous ne savez pas ce qu'ils font, il est préférable de les supprimer.

Note : Si vous supprimez des fichiers, n'oubliez pas de modifier le fichier functions.php. Les fonctions contenant le nom du fichier supprimé peuvent également être supprimées.

Voir l'exemple d'une fonction qui peut être supprimée :

```php
/**
 * Add theme support.
 */
function fse_gen_basic_setup() {
    add_theme_support( 'wp-block-styles' );
    add_editor_style( './assets/css/style-shared.min.css' );

    /*
     * Load additional block styles.
     * See details on how to add more styles in the readme.txt.
     */
    $styled_blocks = [ 'button', 'file', 'quote', 'search' ];
    foreach ( $styled_blocks as $block_name ) {
        $args = array(
            'handle' => "fse-gen-basic-$block_name",
            'src'    => get_theme_file_uri( "assets/css/blocks/$block_name.min.css" ),
            'path'   => get_theme_file_path( "assets/css/blocks/$block_name.min.css" ),
        );
        // Replace the "core" prefix if you are styling blocks from plugins.
        wp_enqueue_block_style( "core/$block_name", $args );
    }
}
add_action( 'after_setup_theme', 'fse_gen_basic_setup' );
```

Si vous souhaitez ajouter des styles globaux créés avec Themegen, vous pouvez remplacer le code theme.json. Notez que les noms des fichiers du thème ne sont évidemment pas remplacés.

WordPress - Thème des blocs

PLUGIN DE THÈME DES BLOCS

Si vous avez activé un thème des blocs provenant de la bibliothèque de thèmes et que vous avez ensuite modifié le **code source**, toutes les modifications seront rétablies après une mise à jour du thème. Pour être clair, il s'agit de modifications du code source, et non de l'éditeur de site.

Pour éviter ce problème, vous pouvez transformer un thème en Child Theme. Dans le Child Theme, également appelé sous-thème, vous êtes autorisé à personnaliser entièrement le thème. Il hérite de toutes les propriétés du thème principal. Cela vous permet de modifier ou d'ajouter des fonctions, des styles, des modèles et des parties. Une mise à jour du thème n'affecte pas le Child Theme.

WordPress a maintenant développé un plugin qui permet de transformer un thème des blocs en un Child Block Theme. Le plugin qui peut être utilisé à cette fin s'appelle **Create Block Theme**. Jetons un coup d'œil aux différentes fonctionnalités de ce plugin.

Ce plugin ne se contente pas de créer un Child Theme. Il peut également vous aider à développer votre propre thème des blocs. Pour utiliser le plugin, il est important que vous activiez d'abord un thème des blocs.

Installer et activer

Allez dans **Tableau de bord > Extensions** et installez et activez le plugin **Create Block Theme**.

Allez dans **Tableau de bord > Apparence > Create Block Theme**.

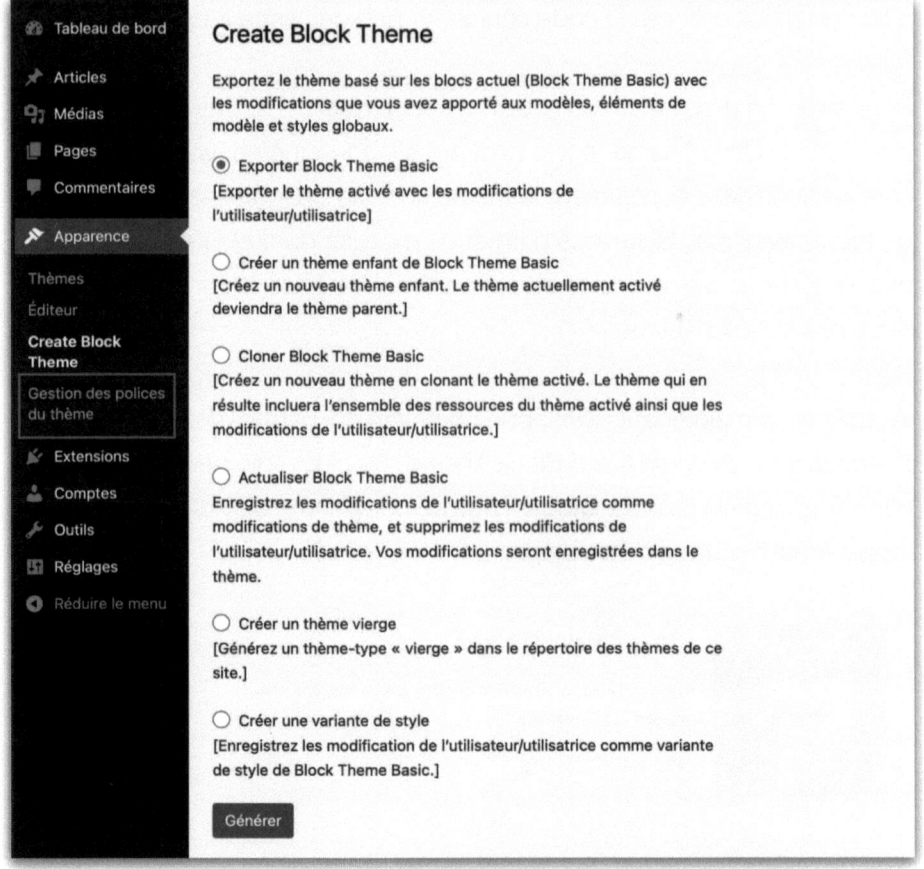

Le tableau de bord comprend les rubriques **Create Block Theme**, **Embed Google font** et **Embed Local font in current theme**.

Sous **Create block theme**, vous disposez des options suivantes :

1. **Exporter …** .

Après avoir ajusté le thème actif, vous pouvez l'exporter.

2. **Créer un thème enfant de …** .

Cette option permet de créer un thème enfant à partir du thème actif. Vous pouvez ensuite activer et personnaliser le thème enfant. Cela peut également se faire sous le capot.

3. **Cloner …** .

Une fois le thème modifié, vous pouvez utiliser cette option pour exporter le thème sous un nouveau nom. Le thème n'est alors plus dépendant du thème principal.

4. **Actualiser …** .

Les modifications sont enregistrées de manière permanente. Il n'est pas possible de réinitialiser le thème. Vous pouvez utiliser cette option avec les thèmes personnalisés, pas avec les thèmes de la bibliothèque de thèmes de WordPress. Ceux-ci sont restaurés après une mise à jour du thème.

5. **Créer un thème vierge**.

Cette option crée un *starter theme* vide. Celui-ci se trouve dans le dossier *wp-content > themes* de votre installation WordPress. Pour plus d'informations, voir le chapitre Générateur de thème.

6. **Créer une variante de style**.

Après la mise à jour du thème, vous pouvez utiliser cette option pour créer des variations de style. Les thèmes en bloc peuvent encore être mis à jour après cela. Pour plus d'informations, voir le chapitre *Variations de style*.

Développement d'un thème des blocs

Si vous avez choisi les options **Créer un thème enfant**, **Cloner** et **Créer un thème vierge**, un certain nombre de champs s'affichent pour vous permettre de saisir des informations sur le thème.

Cliquez sur le bouton **Générer**, vous trouverez le thème dans le dossier Téléchargements. Avant de le développer, il doit être **installé** et **activé**.

Si vous avez choisi l'option de **Thème vierge**, vous pouvez l'activer directement à partir de **Tableau de bord > Apparence > Thèmes**. Le dossier du thème se trouve dans le dossier du site.

Après avoir personnalisé un styles globaux, il sera directement inclus dans le thème actif grâce à l'option **Créer une variation de style**.

Les pages suivantes appliquent pratiquement le plugin.

Thème vierge

1. Assurez-vous qu'un **thème des blocs** est **activé**.
2. Allez dans **Tableau de bord > Apparence > Create Block Theme**.
3. Sélectionnez **Créer un thème vierge**.
4. Nommez-le **Starter Blank** et remplissez les champs nécessaires.
5. Cliquez sur le bouton **Générer**.
6. Allez dans **Apparence > Thèmes** et **activez** le thème.
7. Allez dans **Tableau de bord > Apparence > Éditeur**.
8. En ce qui concerne la largeur, sélectionnez **Header > Groupe**, dans les options de bloc, activez **Les blocs intérieurs utilisent la largeur du contenu**. Si le bloc Groupe ne répond pas, placez le bloc dans un bloc **Groupe supplémentaire**, voir l'image.
9. **Footer > aligner** le **paragraphe** à gauche.
10. Créez ensuite un menu de navigation et cliquez sur **Enregistrer**.

À ce stade, il est possible d'étendre le thème à partir de l'éditeur, mais aussi sous le capot.

Remplacer le thème

1. Créez un certain nombre de **modèles**, par exemple **single.html** et **page.html**. Voir le chapitre **Étendre un thème des blocs**. Vous pouvez dupliquer, renommer et modifier index.html à cette fin.
2. Allez ensuite dans **Éditeur > Modèles**. Ouvrez une nouvelle page et allez dans **Create Block Theme** (en haut à droite) **> Enregistrer les modifications du thème > Enregistrer les modifications**.

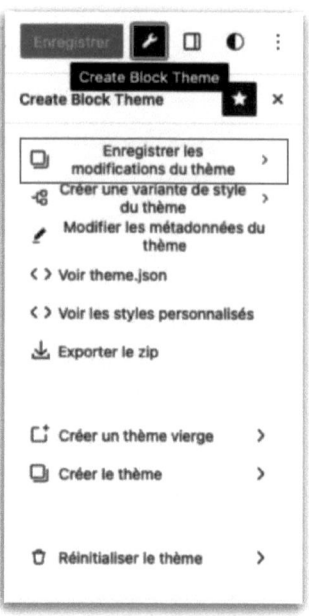

Le thème des blocs a été sauvegardé.

Il n'est donc plus possible de réinitialiser le thème, **Éditeur > Modèles > Gérer tous les modèles - Effacer les personnalisation**.

Dans cette phase, vous pouvez personnaliser et étendre le thème avec des modèles et compositions, entre autres.

Il est également possible d'étendre le thème sous le capot. Par exemple, vous pouvez personnaliser le menu de navigation à bascule, voir la chapitre *Responsive menu*. Lorsque vous êtes prêt, utilisez l'option suivante.

Créer une variation de style

1. Allez dans **Tableau de bord > Apparence > Éditeur > Styles**.
2. Dans **Styles > Couleurs**, réglez les **couleurs** de l'**arrière-plan**, des **liens** et du **texte**.

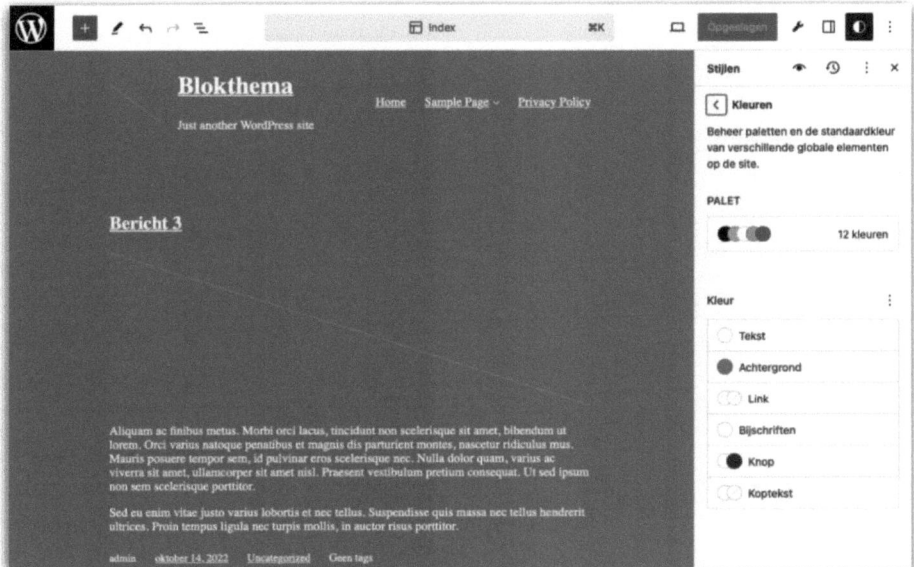

3. Cliquez sur le bouton **Enregistrer**.
4. Allez dans **Tableau de bord > Apparence > Create Block Theme**.
5. Sélectionnez **Créer une variante de style** et donnez-lui un **nom**.
6. Cliquez sur le bouton **Générer**.

Une confirmation s'affiche indiquant qu'une variation a été incluse dans le dossier :/app/public/wp-content/themes/blank/styles/blanc-bleu.json.

Répétez le processus pour ajouter une nouvelle variation.

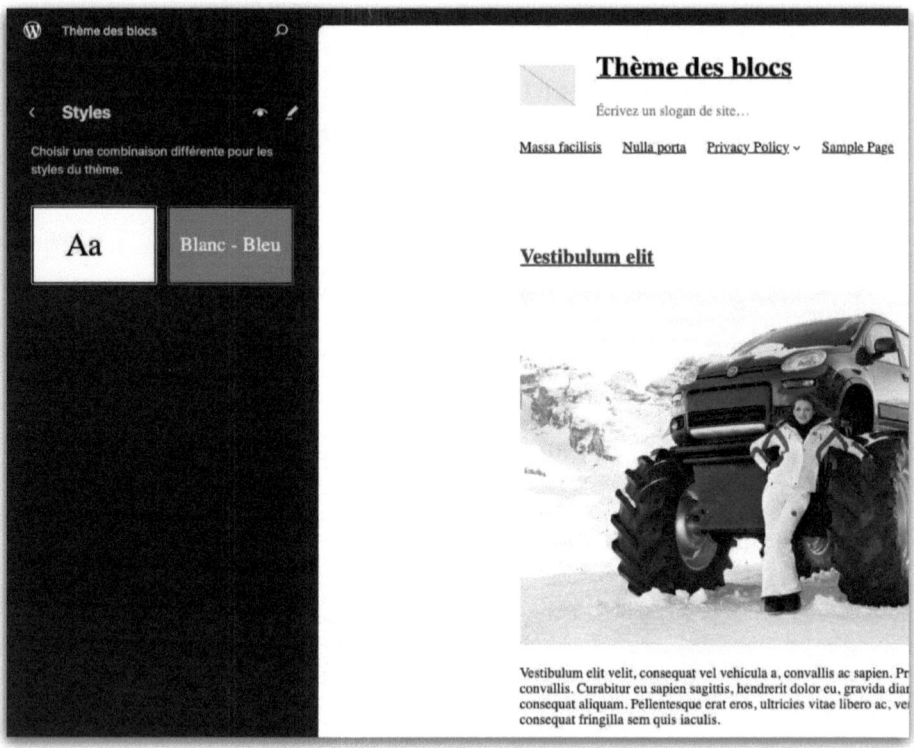

Dans cet exemple, les couleurs de l'arrière-plan, du lien et du texte ont été ajustées. Pour obtenir un effet de variation plus important, il est recommandé d'ajuster également la typographie.

Une fois les variations créées, il est conseillé de réécrire (actualiser) le thème. Des modifications de l'utilisateur (ajustements de l'éditeur) peuvent avoir été appliquées entre-temps.

Thème d'exportation

Lorsque vous avez terminé votre thème, vous pouvez l'exporter.
Vous pouvez envoyer le résultat final à la bibliothèque de thèmes de WordPress, par exemple.

7. Allez dans **Tableau de bord > Apparence > Create Block Theme**.
8. Sélectionnez l'option de **Exporter Starter Blank**.
9. Cliquez sur le bouton **Générer**.
10. Le thème se trouve alors dans le dossier **Téléchargements**.

Comme vous l'avez vu, le plugin **Create Block Theme** est un outil parfait pour commencer à développer un thème des blocs.

Le **starter theme** ne contient que les fichiers de modèle nécessaires. Cela permet d'avoir une meilleure vue d'ensemble et d'éviter d'avoir à se plonger dans toute la structure.

Vous pouvez également le combiner avec un fichier theme.json provenant du générateur Themegen.

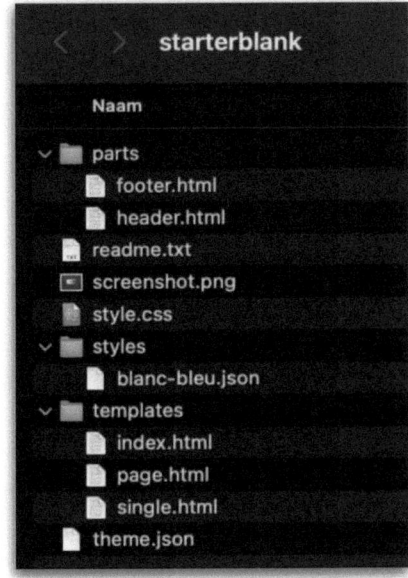

WordPress - Thème des blocs

PLUGINS DE L'ÉDITEUR DE SITE

L'éditeur de site fait partie intégrante du système. Il est convivial, génère un code HTML efficace et se charge donc rapidement dans un navigateur. Entre-temps, il existe un certain nombre de plugins d'éditeur de site qui étendent l'éditeur avec des blocs et des options supplémentaires.

Il existe également des plugins de construction de thèmes, tels que Beaver Builder, Bakery ou Elementor. Une fois activés, ils prennent en charge l'ensemble de l'éditeur du site. A partir d'une interface propriétaire, il devient possible de créer un thème. L'inconvénient est qu'ils ne sont souvent pas compatibles avec les différentes versions, thèmes et plugins.

La version gratuite est limitée et il faut du temps avant de pouvoir travailler avec. Une version Pro est payante, entre 45 et 250 dollars par an. En cas de résiliation de la licence, les mises à jour ne sont plus disponibles. En outre, il génère du code HTML inutile, ce qui allonge le temps de chargement par rapport à l'éditeur standard.

Le graphique ci-dessous montre la vitesse de chargement des sites WordPress créés avec l'éditeur de blocs et divers créateurs de thèmes.

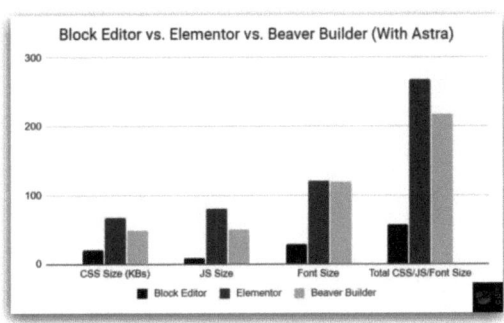

Test de vitesse 2024, source: onlinemediamasters.com (faster is better).

Comme vous pouvez le constater, le temps de chargement est plus rapide lorsqu'un site est créé avec l'éditeur par défaut. Si certaines options de l'éditeur vous manquent, vous pouvez les compléter à l'aide de plugins.

Ceux-ci vous permettent d'ajouter facilement des polices Google, un en-tête collant, des animations ou d'autres fonctionnalités à un thème. Dans certains cas, vous pouvez même activer ou désactiver la visibilité des blocs en fonction de la taille de l'écran. Un grand nombre de plugins d'édition sont disponibles pour l'éditeur de site et l'éditeur de page.

Dans ce chapitre, je vais vous présenter quelques plugins qui peuvent vous aider à créer un thème des blocs :

- Options for Block Themes
- Ghost Kit
- Otter Page Builder Blocks
- Twentig
- Editor Beautifier

Après l'activation d'un plugin, des éléments de menu supplémentaires peuvent apparaître dans le tableau de bord et des blocs et options de thème supplémentaires peuvent être disponibles.
apparaître dans le tableau de bord et des blocs et options de thème supplémentaires peuvent être disponibles.

Notez qu'une option peut ne pas fonctionner avec un bloc particulier. Dans ce cas, essayez un autre bloc. Prenez votre temps et voyez ce qui est possible.

Options for Block Themes

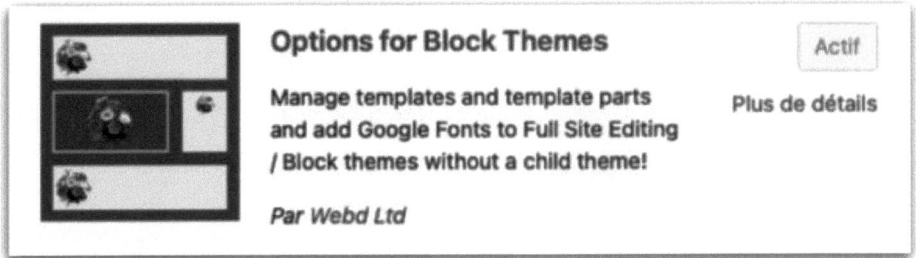

Après avoir activé le plugin, allez dans Theme Options **Tableau de bord > Apparance > Theme Options**. Les onglets vous permettent de gérer les modèles et les parts. L'onglet **Theme Options** permet d'ajouter des **polices Google**, d'activer un **Sticky header** et un **Animated Logo**.

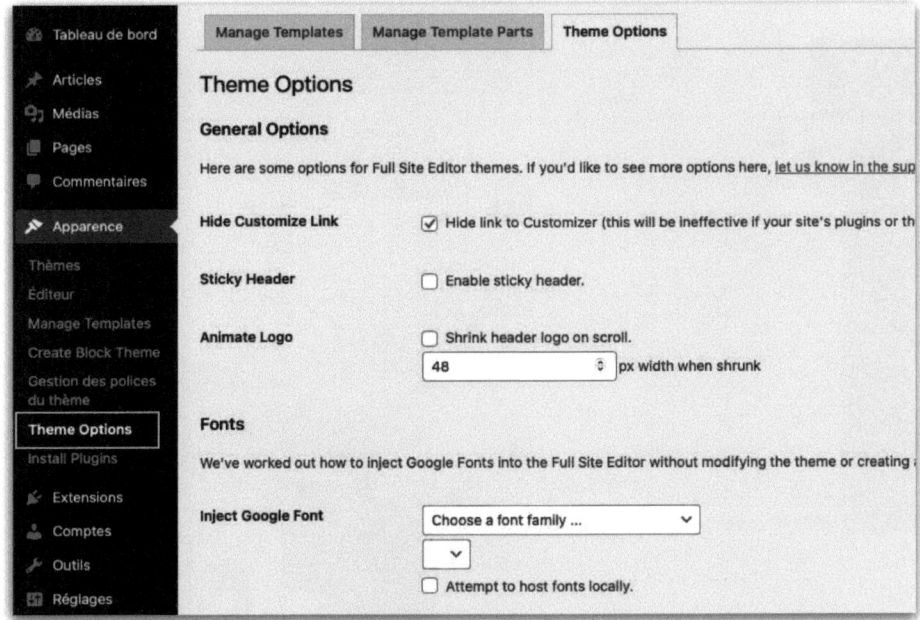

Une fois qu'une police est sélectionnée, elle doit encore être spécifiée dans **l'éditeur**. Pour ce faire, il suffit d'ajuster le **style globaux**.

Ghost Kit

Il s'agit d'un plugin très polyvalent. Après activation, le tableau de bord comprend **Ghostkit**, **Templates** et **Reusable Blocks**. Dans **l'éditeur** de site, vous trouverez des options supplémentaires telles qu'un **shape divider**, une **animation** et des **blocs supplémentaires**.

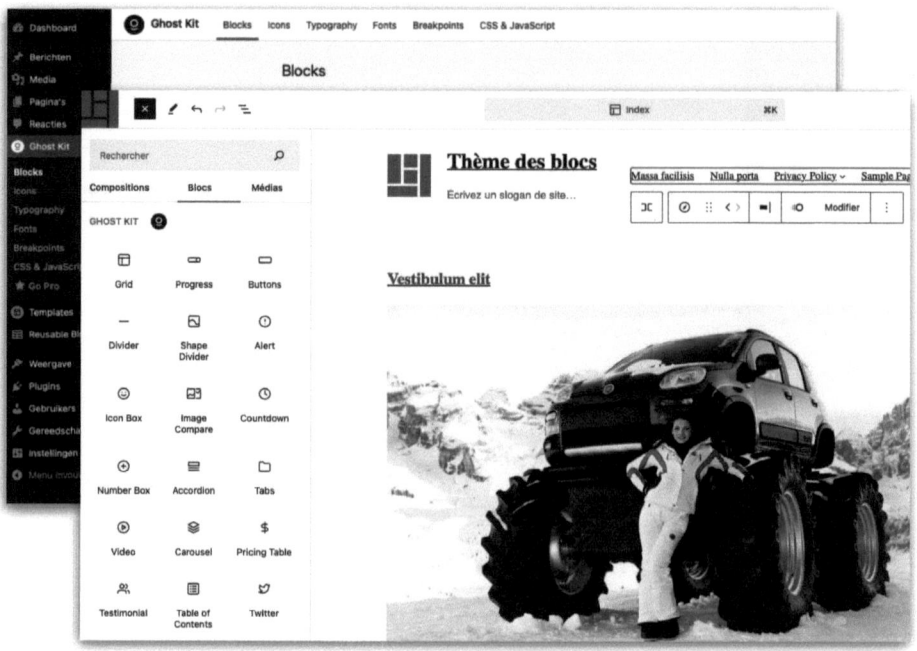

Il s'agit d'un plugin freemium. Une licence est nécessaire pour utiliser toutes les options.

Otter Page Builder Blocks

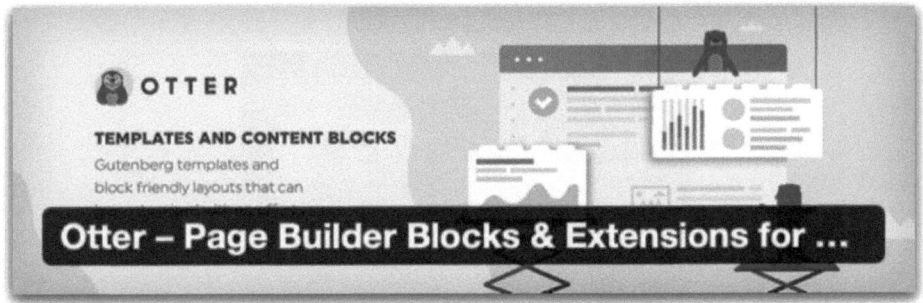

Après avoir activé le plugin, vous trouverez des options de blocs supplémentaires telles que **Animation**, **CSS personnalisé** et **Conditions de visibilité**, entre autres. Dans l'inserteur de blocs, **+** **blocs supplémentaires** ont été ajoutés.

Les réglages se trouvent sous **Tableau de bord > Réglages > Otter**.

Twentig

Avec ce plugin, vous n'avez pas de blocs supplémentaires, mais vous disposez **d'options** de blocs supplémentaires pour personnaliser les **Styles** tels que les **Marges**, les **Paddings**, **l'Ombre**, la **Forme de séparation**, etc. Vous pouvez également utiliser les **polices Google**.

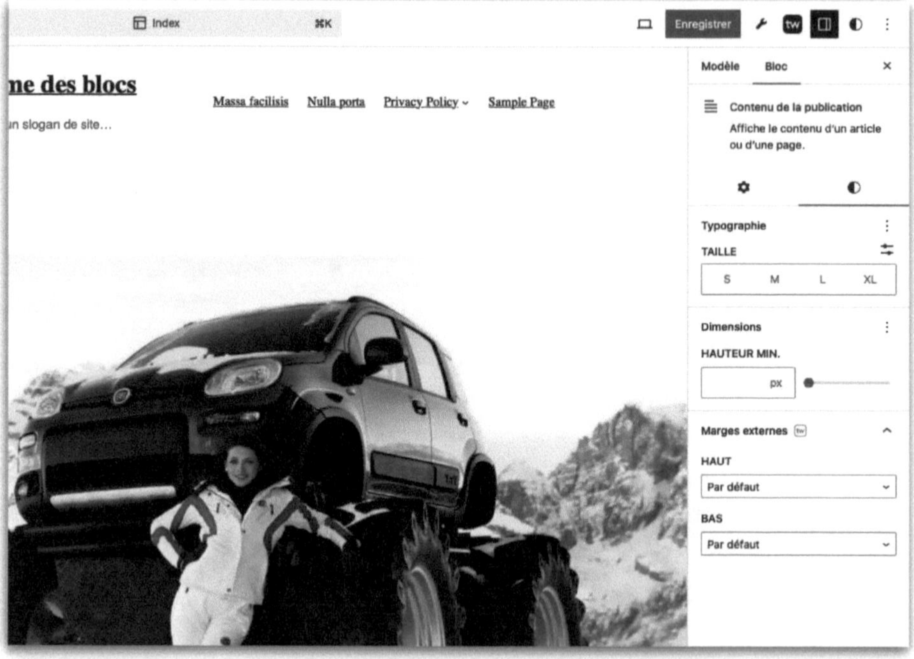

Ces réglages se trouvent sous **Tableau de bord > Twentig**.

Editor Beautifier

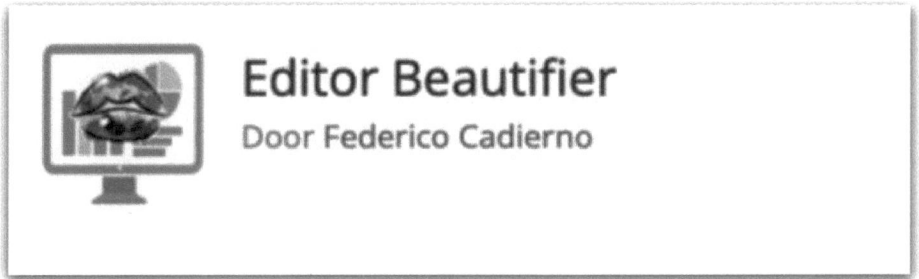

Ce plugin affiche la structure d'un modèle sans utiliser la **vue en liste** ou le **fil d'Ariane**.

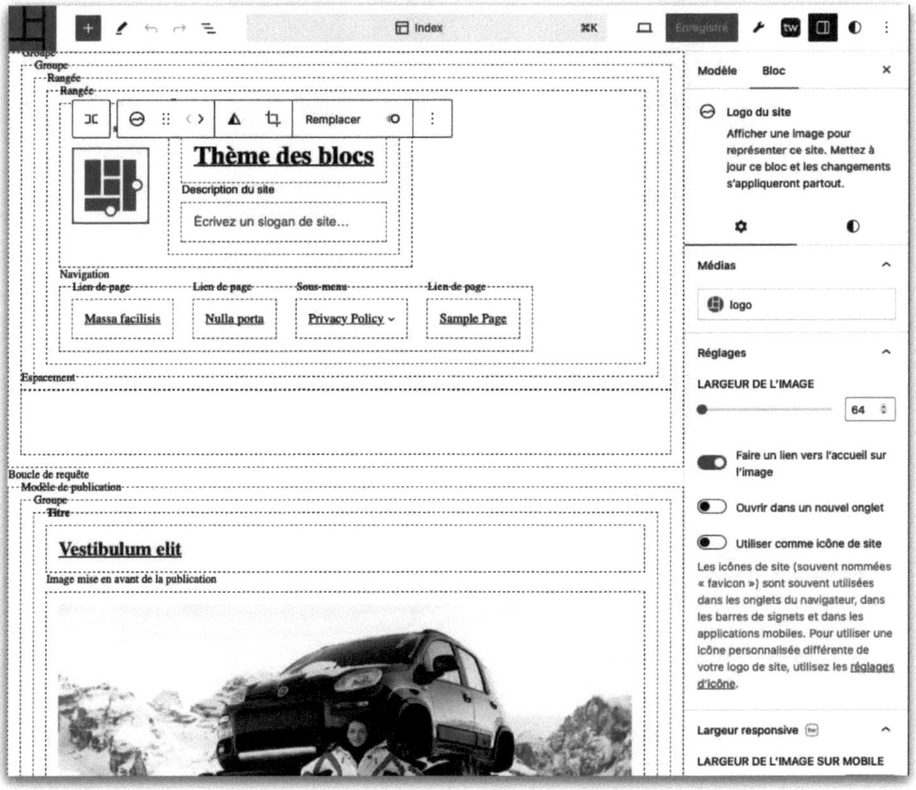

Cela vous permet de sélectionner le bon bloc directement à l'écran.

WordPress - Thème des blocs

APPLIQUER LE PLUGINS

Activez le thème **Starter Blank** créé à l'aide du plugin **Create Block Theme**. Voir la chapitre *Plugin de thème des blocs*.
Vous pouvez également télécharger le thème.

> wp-books.com/block-theme
> page 210 - starterblank

Ensuite, vous **installerez** et **activerez** deux plugins.

Plugin 1 : **Twentig** pour utiliser la largeur du thème.
Plugin 2 : **Ghostkit** pour les polices, shape divider, les animations et les options d'affichage.

Conseil : sachez ce que vous allez créer. Pour mieux évaluer un thème, il est utile d'inclure déjà quelques pages et articles dans un menu de navigation. Les pages et les articles comprennent une Image mise en avant.

Thème avec image d'arrière-plan

Il est possible de doter un thème de bloc d'une image d'arrière-plan. Pour ce faire, vous pouvez utiliser le bloc **Bannière**. Il est même possible d'y placer une mise en page complète.

Allez dans **Tableau de bord > Apparence > Éditeur**.
1. Placez le bloc **Bannière** en haut du modèle **Index**.
2. Sélectionnez une image dans la **médiathèque**.
3. Faites glisser **Header**, la **Boucle de requête** et le **Footer** dans le bloc **Bannière** et supprimez le bloc **Paragraphe**.
4. Dans la barre d'options de **Bannière**, sélectionnez **Toute la hauteur**.

5. Remplacer le bloc **Contenu** par le bloc **Modèle de publication**. Dans la **barre d'outils** - sélectionnez **Vue grille**, Réglages > Mise en page : **Colonnes - 3**.

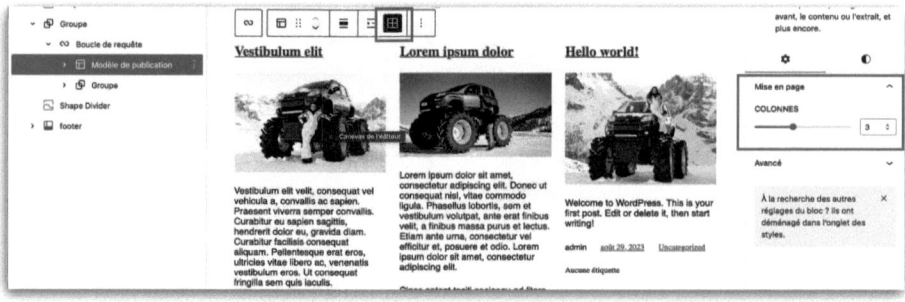

Placez le bloc **Boucle de requête** dans un nouveau bloc de Groupe.
Ensuite, dans la barre d'outils **Groupe**, sélectionnez **Pleine largeur**.

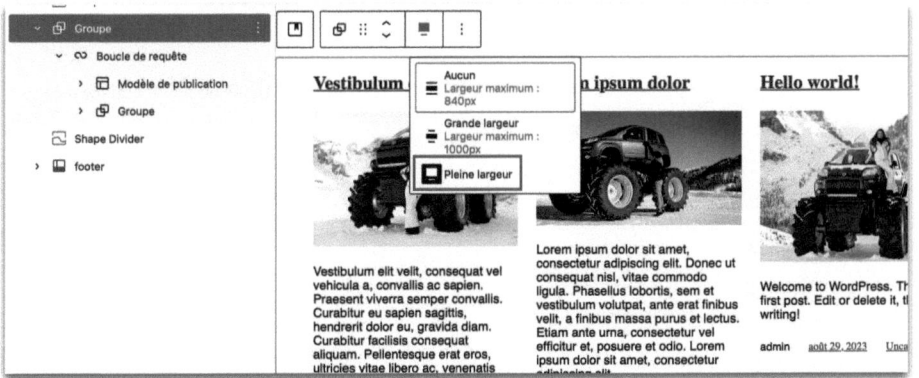

Réglages **Bannière** - **Styles** :
Opacité de la superposition - 0.
Padding à gauche et à droite - 0.

Réglages **Groupe** - **Styles** :
Couleur : Texte - noir.
Arrière-plan - blanc.

Réglages **En-tête** et **Pied de page** :
Texte en couleur - blanc.

Allez ensuite dans **Styles** (icône en forme de demi-lune) et adoptez les réglages.
Contenu **840 px** - Large **1000 px**.

Cliquez sur le bouton **Enregistrer** et prévisualisez le site.

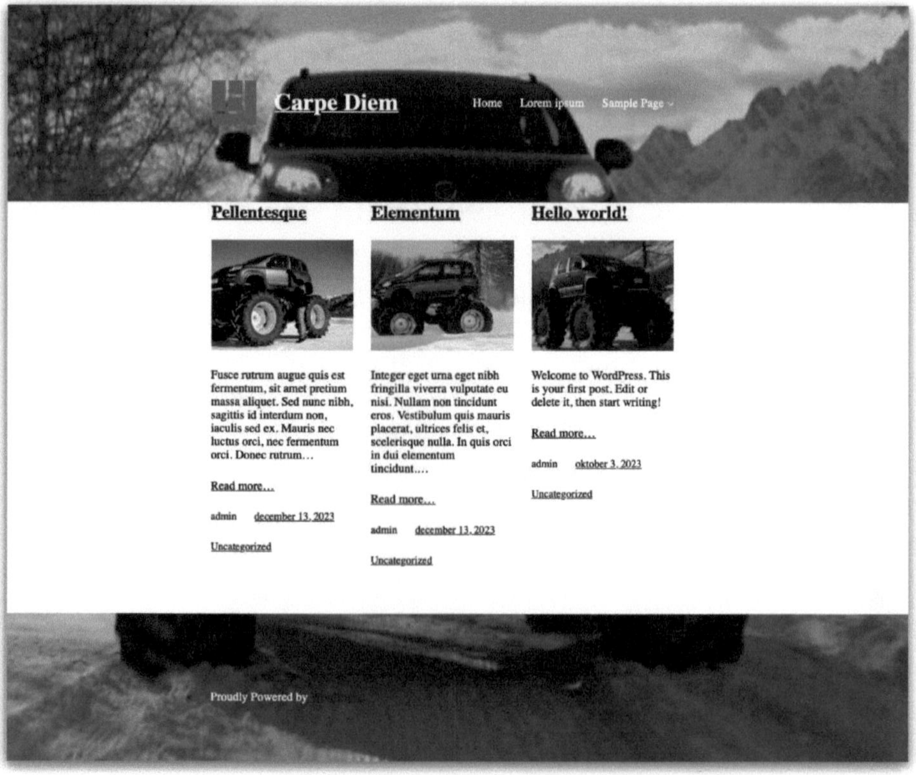

Ghostkit

Après l'activation du plugin, le nombre de blocs de l'éditeur a été augmenté et une option supplémentaire a été ajoutée.

Allez dans l'éditeur de site et sélectionnez le bloc **Header**. Allez ensuite dans l'inserteur de blocs, ➕ et sélectionnez le bloc **Shape Divider**.

Une fois le bloc inséré, sous les options du bloc, choisissez le **Style - Tilts**.
Au **Couleur : blanc**.

Dans **Spacings > Margin : 0** (en haut et en bas, avec un point d'exclamation **!**).

Répétez le processus pour un **Shape Divider** supplémentaire au-dessus du bloc **Footer**.

Cliquez sur le bouton **Enregistrer** et prévisualisez le site.

Appliquons maintenant une police Google.

Allez dans **Tableau de bord > Ghost Kit > Typography**.

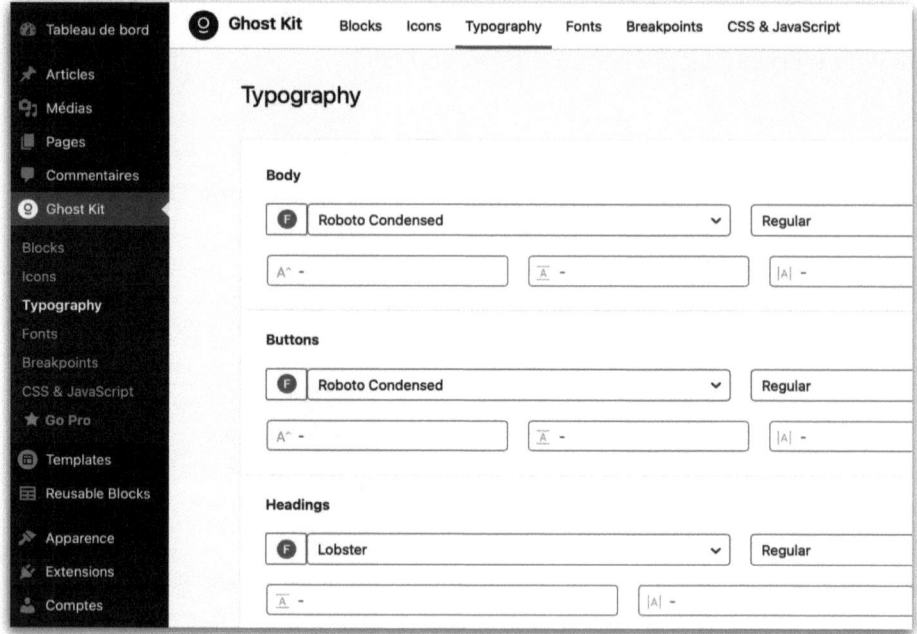

Dans cet écran, sélectionnez les polices Google pour le **Body**, les **Buttons** et les **Headings**. Le bouton **Show Advanced** vous permet de définir la police de chaque bouton et de titre. Définissez la police de chaque titre. Il n'est pas nécessaire de les enregistrer.

La prévisualisation du site Web a permis de procéder à quelques ajustements mineurs. Comme vous pouvez le constater, le bloc **Espacement** de **Header** a été supprimé. Le rembourrage du **Footer** et la marge du **Description du site** ont été ajustés. La taille de la police du **Navigation** et de **Header** a été augmentée. Ghostkit permet également d'utiliser les options **Animation** et **Display**.

N'oubliez pas d'ajuster les autres modèles.

WordPress - Thème des blocs

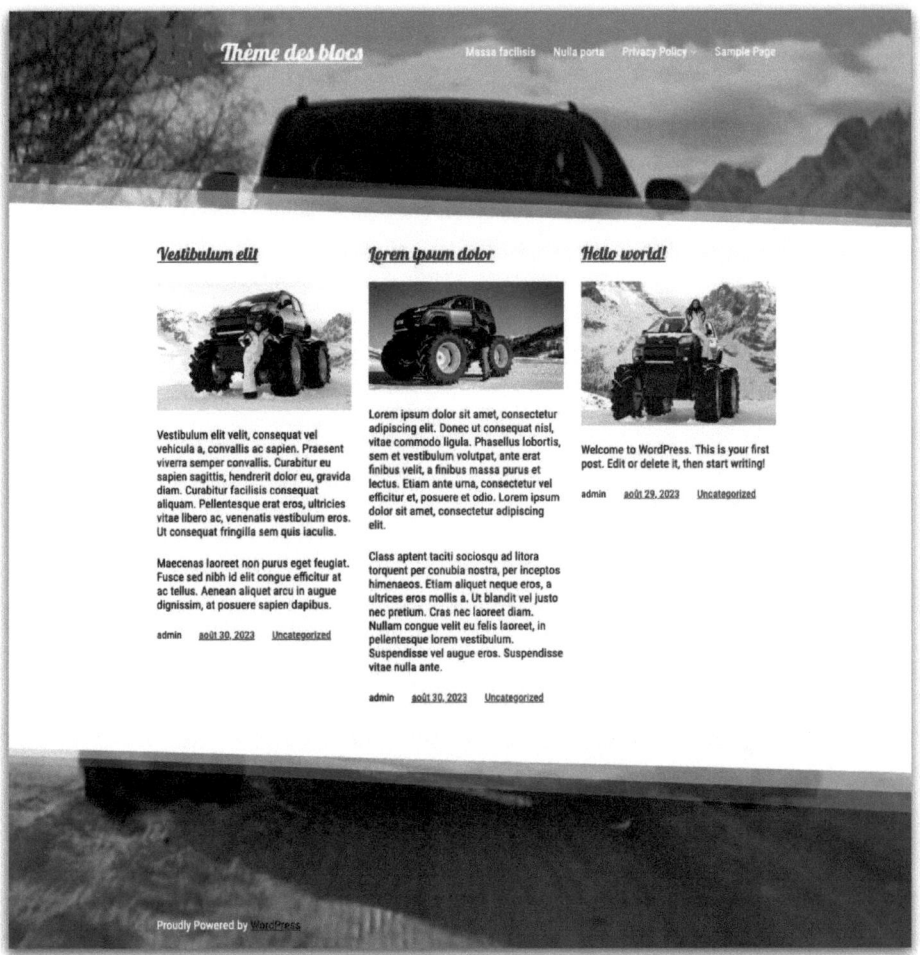

En utilisant l'éditeur et deux plugins supplémentaires, il est possible de créer un thème sans connaissances techniques.

Vous pouvez également télécharger le thème. Installez le thème à partir de WordPress et **activez** les **plugins correspondants**.

> wp-books.com/block-theme
> page 216 - starterblank

Un conseil : ne surchargez pas l'éditeur de site avec des plugins. En pratique, vous n'avez besoin que d'un nombre limité de blocs et d'options supplémentaires. La gamme de plugins pour l'éditeur est encore limitée et ceux-ci sont généralement conçus pour un éditeur de pages. Après l'introduction de l'éditeur de site, les développeurs ont rendu certaines de ces fonctionnalités disponibles pour **full site editing**.

Pour ne pas se laisser distancer, les constructeurs de thèmes bien connus proposent aujourd'hui des plugins d'édition. Ceux-ci sont intégrés à l'éditeur de site à l'aide de l'interface utilisateur Gutenberg. Une interface utilisateur distincte n'est plus nécessaire.

La combinaison de l'éditeur de site et des blocs d'édition tiers crée une interface cohérente pour la création de mises en page de thèmes. Le meilleur des deux mondes.

À noter ! Si vous avez fini de développer un thème et que vous allez l'exporter, le ou les plugins correspondants en feront partie.

Dans le prochain chapitre, je vous montrerai comment y parvenir.

THÈME AVEC PLUGINS

Si vous souhaitez créer un thème des blocs avec des plugins obligatoires et/ou recommandés, il est utile d'utiliser un script PHP dans votre thème.

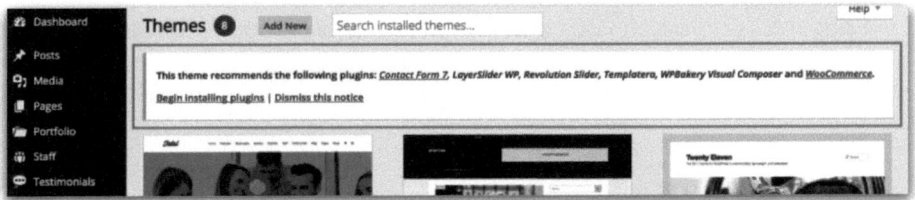

Cela permet à l'utilisateur d'installer et d'activer rapidement et facilement les plugins nécessaires après avoir activé le thème.

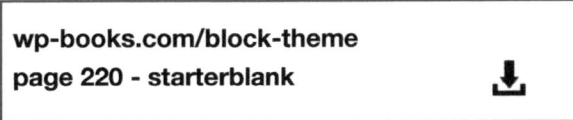

wp-books.com/block-theme
page 220 - starterblank

TGM Plugin Activation peut vous aider à cet égard.

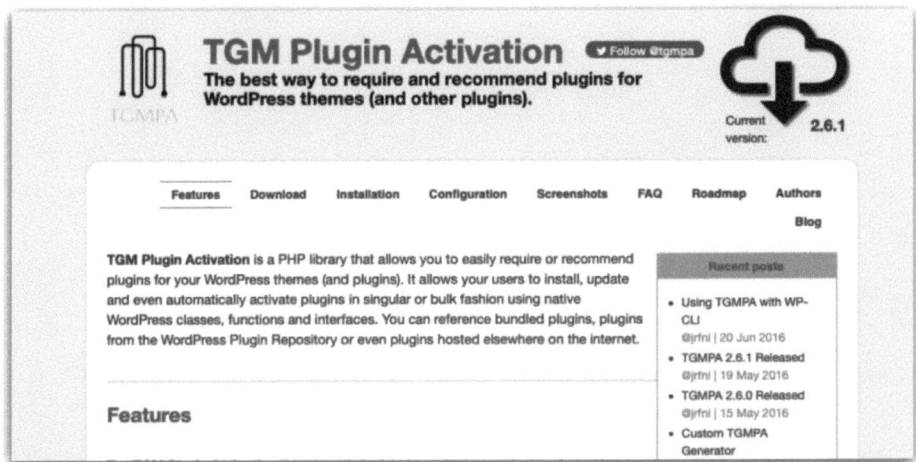

Allez sur : **tgmpluginactivation.com**. Sur la page suivante, vous trouverez des instructions.

Ce programme se charge de l'installation, des mises à jour et de l'activation d'un ou plusieurs plugins obligatoires ou recommandés.

1. Cliquez sur le point de menu **Download**.
2. Saisissez les données du thème.
   Spécifiez l'endroit où vous souhaitez appliquer ce code : **Theme**.
   Et comment vous voulez le distribuer : **WordPress.org**.

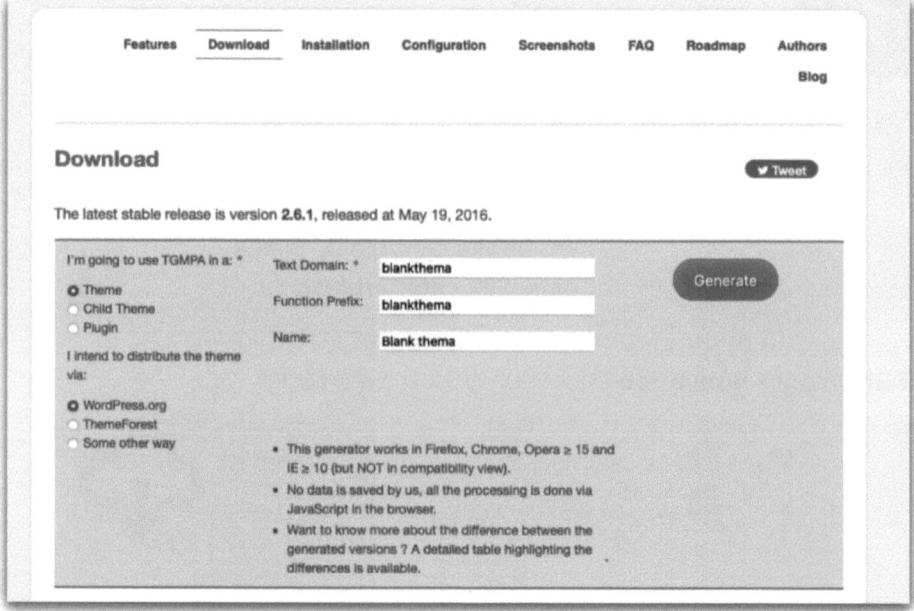

3. Cliquez ensuite sur le bouton **Generate**.

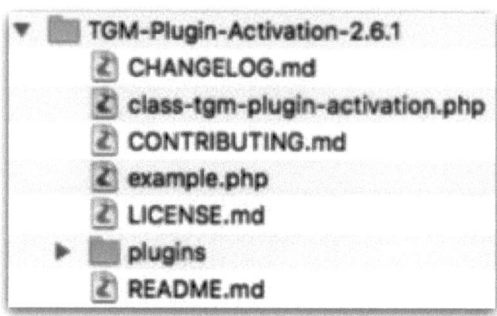

Le fichier zip

tgm-plugin-activation.zip

se trouve dans le dossier

Téléchargements.

4. Extraire le fichier zip.

Ensuite, procédez comme suit :

1. Placez une copie du thème **Starter Blank** sur votre bureau.
2. Placez **class-tgm-plugin-activation.php** à la racine du thème.
3. **Ouvrez** le fichier et supprimez les lignes 3587 à 3616.

   Cette partie est nécessaire pour un thème classique.

```
3586        */
3587        public function add_strings() {
3588            if ( 'update' === $this->options['install_type'] ) {
3589                parent::add_strings();
3590                /* translators: 1: plugin name, 2: action number 3: total number of actions. */
3591                $this->upgrader->strings['skin_before_update_header'] = __( 'Updating Plugin %1$
3592            } else {
3593                /* translators: 1: plugin name, 2: error message. */
3594                $this->upgrader->strings['skin_update_failed_error'] = __( 'An error occurred wh
3595                /* translators: 1: plugin name. */
3596                $this->upgrader->strings['skin_update_failed'] = __( 'The installation of %1$s f
3597
3598                if ( $this->tgmpa->is_automatic ) {
3599                    // Automatic activation strings.
3600                    $this->upgrader->strings['skin_upgrade_start'] = __( 'The installation and act
                        patient.', 'tgmpa' );
3601                    /* translators: 1: plugin name. */
3602                    $this->upgrader->strings['skin_update_successful'] = __( '%1$s installed and a
                        onclick="%2$s"><span>' . esc_html__( 'Show Details', 'tgmpa' ) . '</span><span
3603                    $this->upgrader->strings['skin_upgrade_end']        = __( 'All installations an
3604                    /* translators: 1: plugin name, 2: action number 3: total number of actions. *
3605                    $this->upgrader->strings['skin_before_update_header'] = __( 'Installing and Ac
3606                } else {
3607                    // Default installation strings.
3608                    $this->upgrader->strings['skin_upgrade_start'] = __( 'The installation process
                        );
3609                    /* translators: 1: plugin name. */
3610                    $this->upgrader->strings['skin_update_successful'] = esc_html__( '%1$s install
                        . esc_html__( 'Show Details', 'tgmpa' ) . '</span><span class="hidden">' . esc
3611                    $this->upgrader->strings['skin_upgrade_end']        = __( 'All installations ha
3612                    /* translators: 1: plugin name, 2: action number 3: total number of actions. *
3613                    $this->upgrader->strings['skin_before_update_header'] = __( 'Installing Plugin
3614                }
3615            }
3616        }
3617
```

4. Placez **example.php** à la racine du thème et changez le nom en **starterblank_plugins.php**.
5. **Ouvrez** le fichier et modifiez le chemin, ligne 34 :

```
 * Plugin:
 * require_once dirname( __FILE__ ) . '/path/to/class-tgm-plugin-activation.php';
 */
require_once get_template_directory() . '/class-tgm-plugin-activation.php';
```

6. Supprimer ensuite les lignes 62 à 91.

```
61
62      // This is an example of how to include a plugin bundled with a theme.
63      array(
64          'name'                => 'TGM Example Plugin', // The plugin name.
65          'slug'                => 'tgm-example-plugin', // The plugin slug (typically the folder name).
66          'source'              => get_template_directory() . '/lib/plugins/tgm-example-plugin.zip', // The plugin source
67          'required'            => true, // If false, the plugin is only 'recommended' instead of required.
68          'version'             => '', // E.g. 1.0.0. If set, the active plugin must be this version or higher. If the pl
.           will be notified to update the plugin.
69          'force_activation'    => false, // If true, plugin is activated upon theme activation and cannot be deactivated
70          'force_deactivation'  => false, // If true, plugin is deactivated upon theme switch, useful for theme-specific
71          'external_url'        => '', // If set, overrides default API URL and points to an external URL.
72          'is_callable'         => '', // If set, this callable will be be checked for availability to determine if a plu
73      ),
74
75      // This is an example of how to include a plugin from an arbitrary external source in your theme.
76      array(
77          'name'         => 'TGM New Media Plugin', // The plugin name.
78          'slug'         => 'tgm-new-media-plugin', // The plugin slug (typically the folder name).
79          'source'       => 'https://s3.amazonaws.com/tgm/tgm-new-media-plugin.zip', // The plugin source.
80          'required'     => true, // If false, the plugin is only 'recommended' instead of required.
81          'external_url' => 'https://github.com/thomasgriffin/New-Media-Image-Uploader', // If set, overrides default AP
82      ),
83
84      // This is an example of how to include a plugin from a GitHub repository in your theme.
85      // This presumes that the plugin code is based in the root of the GitHub repository
86      // and not in a subdirectory ('/src') of the repository.
87      array(
88          'name'   => 'Adminbar Link Comments to Pending',
89          'slug'   => 'adminbar-link-comments-to-pending',
90          'source' => 'https://github.com/jrfnl/WP-adminbar-comments-to-pending/archive/master.zip',
91      ),
92
```

7. En dessous, vous trouverez des commentaires : `// This is … Plugin Repository` Ici, vous pouvez spécifier quels plugins sont utilisés.

```
// This is an example of how to include a plugin from the WordPress Plugin Re
array(
    'name'     => 'BuddyPress',
    'slug'     => 'buddypress',
    'required' => false,
),

// This is an example of the use of 'is_callable' functionality. A user could
// have WPSEO installed *or* WPSEO Premium. The slug would in that last case
// 'wordpress-seo-premium'.
// By setting 'is_callable' to either a function from that plugin or a class
// `array( 'class', 'method' )` similar to how you hook in to actions and fil
// recognize the plugin as being installed.
array(
    'name'        => 'WordPress SEO by Yoast',
    'slug'        => 'wordpress-seo',
    'is_callable' => 'wpseo_init',
),
```

Le fichier utilise deux plugins, *BuddyPress* et *SEO Yoast*. Ils sont inclus dans la bibliothèque de *WordPress.org*.

8. Remplacez-les par **Twentig** et **Ghostkit**, voir l'image.

```
// This is an example of how to include a plugin from the WordPress Plugin Repository
array(
    'name'     => 'Twentig',
    'slug'     => 'twentig',
    'required' => true,
),
// This is an example of how to include a plugin from the WordPress Plugin Repository
array(
    'name'     => 'Ghostkit',
    'slug'     => 'ghostkit',
    'required' => true,
),
```

`'required => true'` - Le plugin est obligatoire.

`'required => false'` - Le plugin est recommandé.

9. Dans * `Array of configuration settings…` vous trouverez un certain nombre de paramètres. Copiez les paramètres ci-dessous.

```
/*
 * Array of configuration settings. Amend each line as needed.
 *
 * TGMPA will start providing localized text strings soon. If you already have translations of our standard
 * strings available, please help us make TGMPA even better by giving us access to these translations or by
 * sending in a pull-request with .po file(s) with the translations.
 *
 * Only uncomment the strings in the config array if you want to customize the strings.
 */
$config = array(
    'id'            => 'blankthema',          // Unique ID for hashing notices for multiple instances of TGMPA.
    'default_path'  => '',                    // Default absolute path to bundled plugins.
    'menu'          => 'tgmpa-install-plugins', // Menu slug.
    'parent_slug'   => 'themes.php',          // Parent menu slug.
    'capability'    => 'edit_theme_options',  // Capability needed to view plugin install page, should be a capability a
    'has_notices'   => true,                  // Show admin notices or not.
    'dismissable'   => false,                 // If false, a user cannot dismiss the nag message.
    'dismiss_msg'   => 'Om het thema te gebruiken zijn de onderstaande plugins verplicht.',  // If 'dismissable' is fal
    'is_automatic'  => true,                  // Automatically activate plugins after installation or not.
    'message'       => 'Selecteer alle plugins. Kies voor Bulkacties > Install, klik daarna op de knop toepassen<br /> ',
```

10. **Enregistrez** ensuite le fichier.

11. Ouvrez le fichier **functions.php** et insérez le code ci-dessous :

```
/**
 * tgm-plugin-activation
 */
require get_template_directory() . '/starterblank_plugins.php';
```

12. **Enregistrer** le fichier.

Pour voir si cela fonctionne, **installez** le thème dans une nouvelle installation WordPress.

Une fois le thème installé, allez dans **Tableau de bord > Apparence > Thèmes** et **activez** le thème, Starter Blank.

Comme indiqué, le thème comporte deux plugins obligatoires.

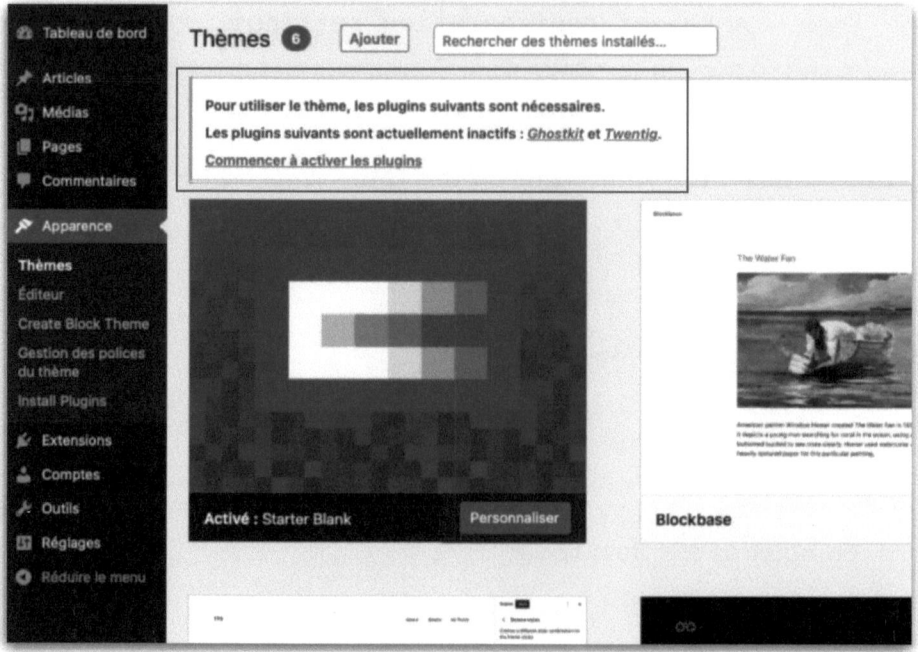

Cliquez sur **Démarrer l'installation** des plugins. Sélectionnez tous les plugins et l'option **Install**. Cliquez ensuite sur le bouton **Appliquer**.

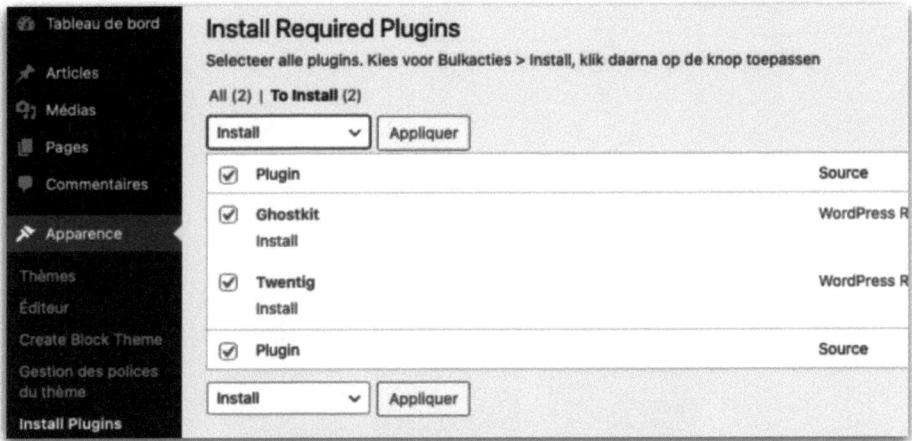

Les plugins sont installés et mis à jour, puis une confirmation s'affiche.

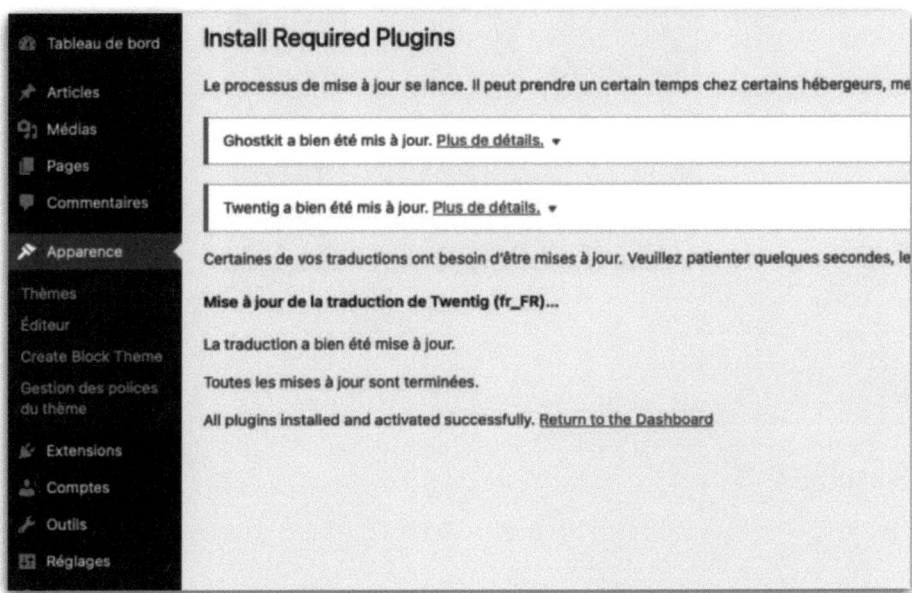

Visitez le site.

WordPress - Thème des blocs

L'AVENIR DES THÈMES DES BLOCS

L'éditeur de pages Gutenberg permet d'ajouter facilement une mise en page aux pages et aux articles.

Avec l'avènement de **l'éditeur de site**, il est possible de personnaliser un thème de la même manière. Du moins, c'était l'intention... Entre-temps, l'éditeur de site s'est transformé en **constructeur de site.**

Pour créer un thème des blocs WordPress, aucune connaissance en programmation n'est nécessaire. Les fonctionnalités standard sont incluses, telles que des blocs de menu et de mise en page réactifs. Les plugins de l'éditeur vous permettent d'ajouter des fonctionnalités supplémentaires à un thème.

La création d'un thème classique n'est pas facile. Elle nécessite de nombreuses connaissances en programmation. Toutes les fonctionnalités sont incluses dans un thème, ce qui se traduit par un grand nombre de fichiers et un risque accru d'erreurs.

Grâce à la nouvelle méthode des blocs, ce processus est plus rapide. L'accent est désormais mis sur l'aspect visuel et la facilité d'utilisation d'un thème. C'est un outil parfait pour les concepteurs de sites web, qui les rend moins dépendants des développeurs web.

L'avènement de l'éditeur de site change la donne.

Si vous n'avez aucune connaissance en programmation, plongez-vous dans les langages de balisage tels que HTML et CSS. N'utilisez les plugins de l'éditeur que lorsque vous en avez vraiment besoin. Examinez également d'autres thème des blocs. Cela vous permettra d'accroître vos connaissances et votre compréhension.

Avec des connaissances supplémentaires en programmation, vous n'êtes pas dépendant de l'éditeur de site et des plugins. Sous le capot, vous pouvez faire des ajustements et des ajouts rapides. Ces types de thèmes sont généralement sûrs, efficaces, légers et rapides.

Comme vous l'avez vu, l'éditeur de site est un grand pas en avant.
Il offre une perspective différente sur la création de sites web WordPress.

Le conseil que je peux vous donner est le suivant : sachez ce que vous allez créer, esquissez d'abord la mise en page et décidez des fonctionnalités que vous souhaitez appliquer. Utilisez la vue en liste et la navigation en fil d'Ariane pour sélectionner les bons blocs. Il existe de nombreuses options pour styliser tous les blocs.

Que pouvons-nous attendre d'autre ? L'amélioration et l'expansion de l'éditeur, plus de modèles, de blocs, d'options, de plugins et de thème des blocs.

The future looks bright.
Amusez-vous à créer des thèmes des blocs WordPress !

INFORMATION

Si vous souhaitez en savoir plus sur le développement des thème des blocs, il existe un certain nombre de sites web et de blogs que vous pouvez consulter.

WordPress
wordpress.org/news
developer.wordpress.org/themes

Référence du bloc Gutenberg, des plugins et des thèmes
wp-a2z.org
github.com/WordPress

Constructeur de thèmes en bloc
gutenberghub.com/introducing-gutenberg-template-builder
themegen.app
them.es/starter-fse

Full Site Editing
fullsiteediting.com
themeshaper.com
gutenberghub.com
gutenbergtimes.com

WordPress - Thème des blocs

À PROPOS DE L'AUTEUR

Roy Sahupala, spécialiste en multimédia

"Spécialiste en multimédia n'est qu'un titre. En plus de créer des produits multimédias, j'enseigne la conception de sites web depuis plus de 26 ans. J'adore voir les gens enthousiastes lorsqu'ils réalisent qu'ils peuvent faire beaucoup plus en peu de temps qu'ils ne le pensaient."

Après avoir étudié le design industriel, Roy a suivi une formation de spécialiste du multimédia. Il a ensuite travaillé dans plusieurs agences multimédias. Depuis 2000, il a lancé sa société WJAC, With Jazz and Conversations. WJAC fournit des produits multimédias à une grande variété de clients et d'agences de publicité.

Depuis 2001, en plus de son travail, Roy est également actif en tant qu'enseignant et a mis en place différents cours de web design.

Livres WordPress écrits par Roy Sahupala:

Plus d'informations : wp-books.com.